DC LANFRANCHI

Futuro en Seguridad

El Libro Azul de HSE

DC Lanfranchi

FUTURO EN SEGURIDAD

El Libro Azul de HSE

Futuro en Seguridad

Copyright 2019

www.resiliere.com

Todos los derechos reservados

Publicado por Deborah Lanfranchi

Amazon Kindle Direct Publishing.

17445 palabras

Primera Edición

Septiembre 2019

ISBN 9781698527154

Dedico este mi tercer libro al potencial futuro de toda mi familia, mi esposo Juan Martín, y mis hijos Santiago, Camila y Lucía. También se lo dedico especialmente a mis padres Yolanda y Néstor y mis ancestros, ya que una vez yo fui su futuro.

Finalmente, se lo dedico a todos aquellos con quienes compartí mi pasión y mi misión. Es mi profundo deseo enorgullecerlos y empoderarlos con mi pequeño aporte a construir una visión conjunta de un mundo mejor.

Crear un mejor futuro implica aprender del pasado y agradecer sus enseñanzas, al tiempo que trabamos por él en el presente con compromiso y con pasión.

ÍNDICE

Prólogo

Hoy en día el foco del Futuro de la Responsabilidad Social Empresaria está claramente puesto en la seguridad y la salud, y en la integración de estos en programas de formación profesional y reflexión, tanto sobre el rol de las nuevas tecnologías como su impacto en las nuevas economías.

Por ende, el futuro nos obliga a hablar de breakthrough innovation and technology, cambio de mindset y desarrollo de nuevas economías. Y por eso hay que hablar principalmente de Singularity University. SU fue fundada, entre otras personas por Ray Kurzweil, una de las mentes más brillantes de nuestra actualidad, con doctorados en más de 10 universidades, centenas de inventos y patentes. Ha sido galardonado con premios del Instituto Tecnológico de Massachussets y con un gran número de honores. Ray Kurzweil es un verdadero visionario.

La Universidad Singularity pregona la fusión o la unión entre el hombre y la máquina. Y justamente el concepto de la Seguridad Industrial va a estar en la relación que hay y habrá ente el Hombre y la Máquina, es decir cómo la tecnología ingresa también en los elementos de protección personal. Y en cómo se estarán

relacionando y trabajando más colaborativamente. Por eso hablaremos del Cobot.

En las empresas automotrices el 80% de las actividades las hacen los Robots, y los Humanos abastecen con materia prima a esos Robots. No cabe duda entonces que Singularity sea quien más va a estar presente en el futuro de la Seguridad de la Ingeniería Industrial.

Debemos tener presente la Singularidad de las Cosas los próximos 10 años. No podemos seguir pensando que los elementos de protección personal no van a estar conectados a redes automatizadas y sistematizadas monitoreadas entre Hombres y Máquinas.

Hoy en día tenemos en nuestros hogares 7 o 8 dispositivos conectados a la red, pero de acá a 10 años vamos a tener entre 1.000 y 2.000: las heladeras, las luces, las cámaras, las canillas, los inodoros, los aires, todo.

Ese es el camino que hoy ya se está construyendo, y hacia allá vamos. No hay duda de eso. Ahora, si después se tardan 10, 20 o 30 años es simplemente un tema de política económica. Pero hoy está ocurriendo. Es como en los 80 como cuando apareció la PC. Y luego la PC revolucionó el mercado. En algunas cosas, tanto la Singularidad como las computaciones cuánticas y otras cosas están cambiando el mercado y el mundo.

Hace unos veinte años leí uno de los libros de Ray Kurzweil, *The Age of Spiritual Machines*, donde planteaba escenarios futuros. Es inmensa la cantidad de temas que desarrolla y donde ha intervenido personalmente.

¿Por qué asocio Singularity University, Ray Kurzweil y este libro? Pues coincido plenamente con la misión de educar en desarrollar un futuro con un nuevo y revolucionario liderazgo, en lo referente a la responsabilidad social empresaria, la seguridad, y la gestión del cambio, Lanfranchi me recordó la importancia y vi un claro alineamiento entre la visión y la misión de Deborah y aquellos que Singularity impulsa desde sus inicios.

Me entusiasma alentar a quienes sueñan y enseñan el camino del futuro. Son pocos aquellos que se anima a hacerlo.

En el caso del libro de Deborah, cuyo objetivo es difundir el mensaje acerca de la importancia de la seguridad y la reducción a cero de las lesiones en el trabajo, encontramos una muy interesante introducción al tema del futuro de la seguridad, de fácil y rápida lectura. La finalidad del libro es la de crear conciencia individual y colectiva sobre la real importancia de la Seguridad y dar las herramientas para aprender e implementar con éxito estas nuevas prácticas de Seguridad.

Habiendo leído los dos primeros libros de Deborah *"Liderazgo en Seguridad"* y *"RSE en Seguridad"*, me sentí atraído por ésta su nueva iniciativa que habla del mañana en Seguridad. Así llegó a mí una versión preliminar de *"Futuro en Seguridad" el cual leí y disfruté. Cuando me invitó* a escribir su prólogo, sin dudarlo comencé a escribirlo.

Me gustó particularmente de este libro la visión sobre los cinco sentidos. También su enfoque y énfasis en la importancia de las mediciones.

Los invito a leer este libro y dejarse sorprender. Disfruté también descubrir que se puede complementar su lectura navegando en internet por un interesante camino propuesto por Deborah. Este libro es un incitador, provoca, motiva a que podamos buscar las soluciones que buscamos con una mirada en el futuro.

Pocas lecturas han logrado en mí este propósito. Hoy tengo que poner los libros de Deborah, en mi biblioteca, al lado de los de Ray Kurzweil, al lado de libros de liderazgo consciente, como así también con el grupo de libros de Stephen Covey, Benjamín Graham, Dan Senor y Saul Singer, Elon Musk, Gates Fundation, y decenas de materiales de importante referencia para mis labores de empresario y accionista.

Global Workplace Safety Director

Octubre 2019

Prefacio

En el año 2019 sabía que iba a comenzar un nuevo camino: pasar de mi función corporativa de generar seguridad, a otra función que es trabajar como consultora y educadora para los que lideran la seguridad de las organizaciones y las personas.

En este camino descubrí que la manera más directa de generar valor, de comprometer mi visión y de transmitir y educar sobre seguridad es escribiendo libros y enseñando en mis talleres. Los mismos también existen en inglés como material de apoyo para clientes internacionales situados en múltiples ciudades en el mundo.

El camino para comenzar esta nueva responsabilidad fue los comenzar a escribir sobre los temas más básicos y fundamentales para lograr un cambio profundo. EL primero libro fue sobre el Liderazgo, luego la Responsabilidad Social y el cuarto sería sobre la Gestión de cambio necesario para lograr el objetivo. Pero para saber hacia dónde hay que cambiar hay que hablar del futuro en seguridad Y ese es el tema de este mi tercer libro.

Mis libros están organizados en 3 secciones: Prever, Accionar y Medir. Su fin es el de orientar al lector en el proceso de aprendizaje de los distintos conceptos, como así también el de la asimilación, implementación y evaluación de los diferentes temas que se abordan en cada uno de los libros.

En mi primer libro desarrollé el tema de Liderazgo en Seguridad, donde se aborda tema del gradualismo y del trabajo continuo para lograr avances sostenidos. Un buen liderazgo implica y garantiza un alto desempeño en seguridad, eliminando por completo todo riesgo proveniente de distracciones, excesos de confianza y mala comunicación.

En mi segundo libro escribí sobre nuestra responsabilidad social como empresarios, donde hablamos sobre nuestro accionar sostenible pensando en los recursos, en las generaciones futuras, y el ser humanos y sus complejidades. En este libro hallarán también un resumen del universo de normas y fuentes asociadas a los temas de seguridad y responsabilidad social.

En este mi tercer libro se presenta un análisis del futuro en Seguridad (Safety). En él profundizamos acerca de las necesidades actuales y las tendencias en Seguridad Internacional, las cuales serán sin duda provistas por innovación en liderazgo y tecnología. Por esta razón, la visión de R K de Singularity University (SU) me resulta tan inspiradora, al trabajar en innovación radical y tecnología de última generación aplicada a múltiples frentes del conocimiento, y también ahora nosotros en el tema de Seguridad.

Asimismo, creo oportuno mencionar y agradecer a dos personas. Una es Roberto Reduello, Global Workplace Safety System and Process Automation Manager in General Motors, quien lidera las prácticas de seguridad de más de 250,000 empleados en decenas de países, quien fuera mi jefe en los principios de mi carrera y quien me enfatizó la importancia de ser prácticos y reales y siempre trabajar por disminuir las métricas de accidentes en el proceso que fuere. También a trabajar siempre en el presente, pero pensando en el futuro.

La otra persona, quien generosamente me compartió su permiso de citarlo, es Tim Kinsella de Manson Contructions, empresa ESOP (con Plan de Propiedad de Acciones para empleados), clasificada como uno de los 400 mejores contratistas de Ingeniería en Estados Unidos. Gracias Tim por compartir conmigo la misión que llevas adelante con la empresa Manson la cual está comprometida 100% a fomentar una cultura libre de accidentes basados en un principio definido por ti en cinco pasos: 1). Capacitación, 2). Planeamiento, 3). Elementos de protección personal, 4). Compromiso, y 5). Comunicaciones.

Este libro es una invitación a los líderes a interiorizarse de lo que viene. A tomar conciencia y a recorrer los múltiples y diversos temas que hacen a la Seguridad Integral de las organizaciones y las personas para así crear entre todos un futuro mejor.

Te invito a que presionemos el botón blanco para comenzar.

SAFETY

Introducción

En 1970 en Estados unidos se contaba con alrededor de 20 millones de personas trabajando en temas de Seguridad. Hoy, 50 años después, ese número de trabajadores ha sido reducido a la mitad. Al igual que en las áreas de Recursos Humanos, donde la tecnología ha disminuido el personal de esta área promoviendo la autogestión, este proceso también está sucediendo Enel área de Seguridad. También es responsable en parte de esta disminución en número de trabajadores la fusión de cargos, donde muchos gerentes específicos incrementan sus capacidades generalistas absorbiendo roles de "Human Resources Business Partner", "Safety Business Partner", como así otras funciones transversales.

Al pensar en tecnología innovadora y sus alcances en los temas de Seguridad me nace preguntar, ¿debe la tecnología poner el foco en agregar un sexto sentido a los cinco que los seres humanos ya tenemos? ¿O debe la tecnología poner el foco en estar al servicio de los sentidos que ya tenemos y, de alguna manera, mejorarlos? Mi respuesta es que la tecnología debe poner foco en ambos.

¿Cómo impactará la tecnología en los temas de seguridad? En seguridad industrial por un lado es importante poner sobre la mesa la relevancia que hoy tienen y tendrán aún más en el futuro de los cobots (robots colaborativos) y también el potencial de la realidad aumentada, diferente de la realidad virtual, donde en la primera se incrementa la capacidad de visión, y en la segunda se cambia la realidad de lo que miramos.

Toda la población usará la tecnología para incrementar el rendimiento de sus sentidos y sin duda alguna veremos que los elementos de protección personal estarán en ese camino. Se preverá proteger, pero se agregarán nuevas funcionalidades para modernizar y hasta ¡reformar! un sentido.

Este libro es una invitación a los líderes a interiorizarse de los que viene. Lo escribo pues es esencial percibir los años venideros para trabajar el presente. Como digo en mis actividades como formadora, debemos ser más eficientes en trabajar en disminuir los potenciales accidentes futuros.

En todos los libros desarrollo una metodología de 3 pasos al que yo llamo PAM.

1) *Prever*
2) *Accionar*
3) *Medir*

Prever es mirar el futuro, y para prever necesitamos ser prácticos. Por eso entre sus puntos se mencionan temas como:

- La seguridad en la era de los cobots.
- La capacitación y la realidad aumentada.
- Inteligencia artificial y entrenamiento.
- Singularity University. Ray Kurzweil.

En **Accionar**, escribiré sobre los cinco sentidos y lo desarrollo con los siguientes capítulos:

- El ser humano como agente de ajuste en el trabajo.
- Los elementos de protección y los cinco sentidos.
- El oído y los protectores endoaurales.
- El tacto y los guantes.
- El olfato y las máscaras.
- La vista y la protección visual.
- ¿Y qué pasa con el gusto?
- El casco en un tema aparte.

Y en **Medir** me detendré en:

- La tecnología y el trabajo en solitario.
- La necesidad de broadcasting.
- Necesidad de actualización legal.

Asimismo, quiero insistir que nuestra pasión y nuestro entusiasmo es lo que nos hace ver el futuro más cercano, pero en muchas áreas los cambios y la evolución han sido más graduales. Especialmente en lo que se refiere a accidentes de trabajo, no hemos logrado todavía una visión de Cero Accidente, la cual es una garantía que nuestro empleado, familiar o amigo llegue siempre sano y salvo a su hogar luego de la jornada laboral. Por eso, el recorrer estas páginas dará al lector múltiples elementos para lograr ese ansiado índice de cero accidentes y el logro de la Seguridad Total.

PARTE 1 PREVER

Visión Lanfranchi 2030 CERO LESIONES EN EL TRABAJO

Es mi intención en este libro enunciar la visión que yo deseo del futuro. Para el año 2030 deseo que todo empleado que sea responsable de personas tenga una certificación en Liderazgo en Seguridad con una visión de CERO LESIONES en el trabajo (zero injuries).

Escribir un libro sobre un futuro mejor se trata de eso, se trata de trabajar en el presente con una visión exigente del futuro. Aún hoy, cada año hay millones de accidentes, y mi intención es contribuir a que año a año ese daño, ese dolor, se reduzca para un día llegar a cero lesiones.

En este libro les comparto todo lo aprendido en todos mis años de trayectoria sobre el desarrollo evolutivo de la ciencia. Ese desarrollo muchas veces implica cambios que producen en nosotros las personas una natural resistencia.

En mis conferencias y talleres de trabajo resalto que el principal recurso que tenemos para prever lesiones es nuestra mente. Es nuestro procesador, ya que memoriza experiencias y establece patrones que protegen la vida humana. Esto incluye nuestra capacidad de generar soluciones y crear nuevos procesos, y ahí se establece claramente que, si la mente lo percibe como real, entonces es real.

El tema del futuro, la seguridad y la salud son temas que mucha gente importante e influyente está trabajando muy seriamente de muchas maneras. Inspira ver trabajar a la fundación de Bill y Melinda Gates en la erradicación de muertes por la Poliomielitis o por la higiene diaria. El mismo método que utilizan para analizar los patrones de comportamientos geográficos es similar a mi metodología con la que busco erradicar accidentes laborales. Me interesa leer como Alphabet, la empresa dueña de Google, liderado por Ray Kurzweil, está estudiando el desarrollo de procesos de inteligencia artificial para desarrollar una mente que produzca pensamientos, por algunos llamados la Piedra Roseta la cual facilitó el desciframiento de lenguajes antiguos.

En esa línea se encuentra la imaginación individual y colectiva, como si fuera una gran red de broadcasting que envía mensajes a todos sus miembros. Eso es necesario en el ambiente de trabajo: compartir la percepción.

La mejor manera de predecir el futuro es creándolo, por lo cual me comprometo a trabajar en capacitación de habilidades generalistas que disminuyan accidentes, apoyada en los avances de tecnología, las habilidades de desarrollar métricas en planillas de cálculo, y fomentar la creación de patentes en elementos de protección personal.

La importancia de las aptitudes blandas para el futuro

Capacidades empresariales del futuro

Todos los profesionales deben desarrollar capacidades para entender y mejorar los desafíos empresariales. Todas las capacidades pueden ser de gran impacto. También se debe desarrollar las capacidades para ver los negocios desde una mirada innovadora. Por ejemplo, todos los bienes de propiedad intelectual no son un gasto, son un incremento del patrimonio neto, son una fuente de ingresos. Por ejemplo, contribuir con una patente de reciclado de guantes en la industria automotriz también da valor comercial operativo a una organización.

El desafío en la vida cotidiana de los trabajadores en particular, y de los seres humanos en general, es comenzar a desarrollar un trabajo más calmo, mejor organizado, no vivir corriendo, teniendo todo el tiempo ocupado. Debemos trabajar el otro extremo de las habilidades técnicas, las denominadas habilidades blandas, basadas en la empatía. Esto implica entender lo que nosotros y los demás sabemos, necesitamos, y sentimos y trabajar en torno a ello para lograr sacar la mejor versión de todos a favor de un objetivo común.

En un programa de reducción de accidentes seguramente encontraremos que lleva años desarrollar un proceso complejo que los disminuya, por eso la importancia de este libro y la importante de definirse a sí mismos mirando el futuro.

Actitudes necesarias para un mañana más tecnológico

En seguridad debemos trabajar en los eventos y circunstancias que producen estrés, uno de los causales de accidentes más comunes. Todo lo que produzca una mala actitud y/o mala postura es un indicio clave de recomendaciones que debemos atender la situación.

¿Qué circunstancias producen estrés? La principal es la carencia de previsión. Por ejemplo, un cambio de líder produce una sana incertidumbre, por lo cual acompaño acá una serie de recomendaciones esenciales para contar con una mejor actitud.

- Introducir a la gente nueva a sus nuevos compañeros de trabajo. Por ejemplo, podemos colocar una pantalla en una pared que nos de información en forma visual acerca de todos los empleados, nuevos y viejos, que favorezca su interacción, por ejemplo, mediante gustos, intereses, situaciones y actividades recreativas que les sean comunes.
- Capacitar en forma continua. El conocimiento produce tranquilidad y el conocimiento debe ser práctico.
- Utilizar la tecnología de realidad virtual para estudiar un edificio, y simular circunstancias de estrés para aprender a manejarlas.
- Desarrollar un ambiente de actitud positiva, de agradecimiento y de respeto. Decir "gracias" y "por favor", sonreír, mirarse a los ojos, parecen cosas triviales. Sin embargo, esta largamente demostrado como esas actitudes, una vez que se tornan costumbres, disminuyen de manera significativa los signos de estrés.

Podríamos mencionar muchos más, pero prefiero se opte por cada uno desarrollar la actividad de formular una lista de factores de disminución de estrés, en forma periódica, en sus lugares de trabajo. Evitar el estrés es un trabajo continuo que debe ser fomentado y está íntimamente relacionado a la calidad de vida y disminución significativa de accidentes.

Comunicaciones del futuro

Las normas OSHA entre otras decenas de normas, explicadas mejor en mi libro RSE en Seguridad son sólo la punta de un iceberg. Se controla lo que se ve, se controla lo que se pudo medir y establecer como un procedimiento, pero seguimos observando, por ejemplo, un 38% de malentendidos en las comunicaciones orales.

En el 2030 habrá más comunicación, mucho más que hoy, parte entre el hombre y la máquina. Habrá más interacción oral como hoy lo podemos ver en nuestros teléfonos o dispositivos inteligentes cuando "hablamos" con Siri, Alexa o los distintos agentes virtuales.

<u>Deberemos prever la comunicación oral entre dispositivos</u>, así no nos sorprenderá que un dispositivo le hable a una audiencia compuesta por seres humanos y por máquinas al mismo tiempo.

La importancia del idioma

Con la globalización y cambios de la economía se está produciendo una distribución importante de actividades, y en ellas encontramos que en trabajos peligrosos tenemos trabajadores que no hablan el idioma del país donde trabajan y no tienen acceso a capacitación en el idioma.

En las grandes empresas se auditan normas exigentes de aplicación voluntaria como las ISO, además de las regulaciones de la OSHA o similares dependiendo el país, pero en las pequeñas se ignora el impacto que tienen en el ecosistema. Por lo cual encontramos en los eventos anteriores a un accidente la aparición de actividades por personas sin la correspondiente concientización y capacitación, no sólo personal propio sino más aún, externos. Hay otro lema popular que sirve escribirlo aquí que dice que "la gente prudente tiene accidentes debido a la gente imprudente". Por lo general, a una empresa mediana con 150 a 200 empleados seguramente le resulte más complicado cumplir con muchas regulaciones o requerimientos solicitados por las grandes empresas, más aún a empresas muy pequeñas, incluso unipersonales. Ahí es importante la colaboración con sus clientes, pues entre grandes y pequeñas empresas pueden colaborar en forma sinérgica.

Todos somos el futuro. Sector Público y Privado

Muchos profesionales de seguridad buscan el empleo en el sector privado conscientes de que pueden encontrar mayores beneficios o seguridad laboral en tiempos de cambios políticos.

Lo que verdaderamente me impulsó a escribir de este tema en la visión 2030 fue mi participación en la Ceremonia de Entrega de premios anuales del Consejo Nacional de Seguridad de Estados Unidos en septiembre del 2019 en San Diego California.

En la mencionada ceremonia, donde Lorraine Martin presidente del consejo entregó más de 150 distinciones, me llamó la atención la importancia de distinciones a miembros de gobierno como bomberos, policías, y personal de las fuerzas armadas y del ejército.

La razón es obvia. Estas personas están acostumbradas a que la seguridad sea un componente crítico en su vida cotidiana y han desarrollado disciplinas y hábitos que son y serán más aún muy valorados en el sector privado. En ellos se aprecia la importancia y atención puesta en la fisiología, base de un cuerpo sano para el cumplimiento de sus deberes. Entonces una buena fisiología es un factor crítico de éxito para disminuir accidentes.

Por lo que vaticino una mayor colaboración de la población perteneciente al gobierno participando en el sector privado y contribuyendo a hábitos saludables que minimicen lesiones.

Me encantaría ver bomberos, policías, miembros de fuerzas armadas comenzar estudios sobre ingeniería, industrias y verlos trabajar aún más en áreas de HSE y RSE.

Colaboración del futuro

En el año 2030, en un porcentaje superior al 50%, observaremos menos personas trabajando en los puestos de trabajos más tediosos o repetitivos y más robots/cobots/agentes colaborando. Se incrementarán las oportunidades de trabajo integrado y colaborativo entre ellos, pues todo impulsa un crecimiento de la producción, pero también se verán nuevas funciones de estos nuevos agentes tecnológicos, como ser el monitoreo de programación de autómatas y análisis de datos.

Por ende, en los procesos de gestión de cambio habrá una evolución también. Pero para que ello sea exitoso, será necesario el buen entendimiento y las buenas prácticas de los mismos lo cual conllevará a un alto porcentaje de éxito en su adopción.

Hoy, al momento de escribir este libro, se observa que la mayor cantidad de los accidentes laborales sobre todo en el sector industrial se encuentra en el área de vehículos a motor, y observamos al mismo tiempo el crecimiento sostenido de vehículos autónomos. Ese crecimiento de la automatización reducirá los accidentes, pues cada vez más la conexión de dispositivos, vehículos, y todo tipo de producto y servicio ayudará a establecer los algoritmos de previsión de accidentes.

La previsión de accidentes basada en un análisis de datos ayudará a diferenciar la información "necesaria" de la "innecesaria", lo cual permitirá una planificación más eficiente.

Veamos un ejemplo.

Mucha gente se puede preguntar ¿cómo puede hacer un automóvil en movimiento para frenar ante un potencial accidente a producirse por otro medio de transporte? Una solución sería detener al infractor que está por cruzar un semáforo rojo antes de que este evento ocurra. Y ¿Cómo?

Pues bien, si ambos automóviles están conectados a una red de datos que se encuentra usando algoritmos de colaboración para monitorear en tiempo real la velocidad del transporte y la red de datos también está conectada en tiempo real a la red de semáforos, entonces será fácil hacer 3 acciones:

a) prever que el automóvil reduzca la velocidad (sería el concepto de velocidad

> *máxima dinámica y flexible, que cambia la velocidad máxima permitida en tiempo real)*
>
> b)   *prever cambios de señales de semáforos para lograr la disminución de la velocidad de los vehículos*
>
> c)   *prever una comunicación directa con las fuerzas de seguridad para detener al vehículo que no está cumpliendo las señales de tránsito.*

¿Cómo hacerlo? Especialmente en Seguridad es apropiado hacerse esa pregunta. Hay que prever más rápido, y para eso se necesita velocidad de procesamiento de información y clara comunicación. Las respuestas como "No puedo", "No es posible", "Me gustaría que… pero", se resuelven con una mayor cantidad de poder de procesamiento de cálculo.

.

Diferencia fundamental entre Información y datos

Tecnología de procesamiento de más información.

¿Cómo es posible entonces incrementar ese poder de procesamiento y multiplicarlo exponencialmente hasta lograr que todos los servidores operativos al año 2019 entren en una pequeña habitación? La respuesta la brinda la computación cuántica.

No es un sueño, ni es ciencia ficción. Google, Microsoft, Intel, IBM, Hewlett Packard ya cuentas con equipos funcionando con esta nueva tecnología.

Si bien explicaré esto más adelante, quiero adelantar un poquito por qué la computación cuántica parece ser la respuesta. La computación cuántica no trabaja con bits 0 y 1, sino con qubits, los cuales manejan más estados y eso le permite desarrollar cómputos de crecimiento exponencial, y no lineal.

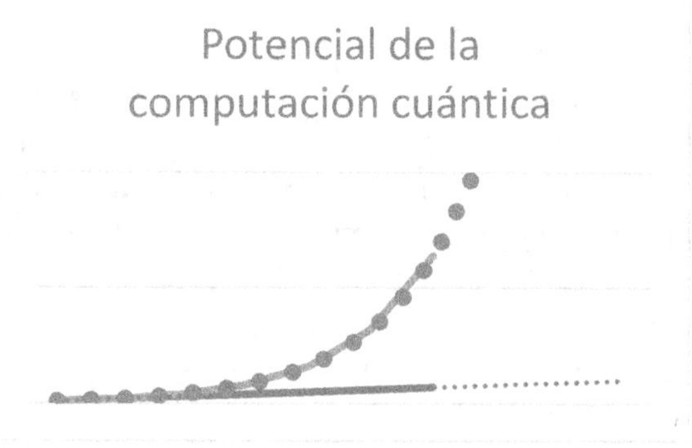

Especialistas, Generalistas y las nuevas tecnologías

En el 2030 seguiremos contando con especialistas de áreas y temas, sí, pero también tendrán habilidades generalistas. ¿Y esto en qué nos beneficia? Pues los empleados especialistas son aquellos que conocen y manejan temas y áreas en profundidad y detalle muy necesaria para el buen funcionamiento de las empresas y organizaciones. Pero cada vez más necesitarán que tengan conocimientos generales de muchas áreas, pues la información que se obtendrá de tecnologías cuánticas como la recién mencionada no podrá ser implementada como información por especialistas. Para ellos serán solo datos. Para un profesional especialista y generalista será información clave.

Como ya esbozamos, un cambio importante que se está produciendo es la disminución de trabajadores en muchos sectores de las industrias, pero al mismo tiempo se produce un incremento de trabajadores en otras áreas de ese ecosistema. Donde hoy hay una sola función, debido a la complejidad futura, allí habrá decenas o centenas de nuevas funciones asociadas.

El progreso genera nuevas tecnologías, y ello conlleva a la creación de nuevos ecosistemas de materiales, productos y servicios.

Estamos pasando de una sociedad manufacturera de productos y materias prima a una sociedad generadora de servicios brindados por esos productos.

Asimismo, crecen los desafíos ambientales y con ello crecen las funciones de sectores de RSE que trabajan en el ecosistema de las locaciones de trabajo.

Si el servicio crece y la gente pierde tiempo por lesiones y enfermedades entonces es una necesidad cubrir aspectos generalistas de absorción de nuestras tecnologías. Los ganadores prevén, y los perdedores sólo reaccionan. Por ello resulta imperativo estudiar el impacto de las nuevas tecnologías en nuestras actividades.

Los futuros responsables de seguridad deberán trabajar en equipo con los responsables de proveer a proveedores y clientes del ecosistema seguridad en los lugares donde se desarrollen las actividades. Preveo que el

20% del tiempo tendrán que trabajar colaborativamente con personas de otras empresas, y preveo inclusive que compartan ambientes de trabajo. Es decir, si somos responsables de seguridad de una locación, tendremos que disponer de espacio para que personas externas provenientes de proveedores puedan compartir información con nosotros.

El futuro necesitará generalistas. Sin dudas serán necesarios profesionales HSE, pero que también puedan cumplir otros roles, principalmente, aparte de **producción, análisis de datos, salud, medio ambiente, medicina, finanzas, entre otras más.** En este contexto disponer de conocimientos de cálculo matemático y planillas de cálculo serán esenciales.

En resumen, la tecnología siempre ha cambiado las formas de trabajar, y eso seguirá ocurriendo a más velocidad y con aportes más complejos, para lo cual debemos entrenarnos seriamente en ellas al igual que en nuestra capacidad de ser flexibles.

La importancia de las encuestas comienza en la prevención.

Las encuestas son inmensamente importantes a la hora de entender qué necesitamos Prever. Los resultados luego tomarán su real significado al momento de Accionar y Medir.

Para que las encuestas nos faciliten todo su potencial hay que entender cuándo las encuestas realmente aportan información útil y cuándo no. Hoy en día seguimos observando encuestas y formularios donde se solicita a los empleados calificar de 1 a 10 una actividad, un beneficio, un riesgo. Luego, como lo ilustra el cuadro siguiente, contabilizamos las cantidades de respuestas realizadas.

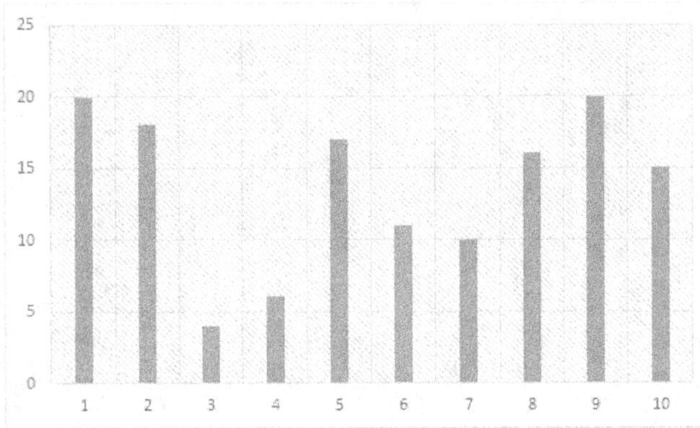

Al dar sólo opciones entre 1 y 10 no estamos ofreciendo la oportunidad de evaluar una situación de forma negativa, sino solo de neutro a positivo en sus diferentes niveles positivos. Alguien puede decir que si se dice que 1 equivale a "muy malo" ese dato es negativo. Lo será para la interpretación de una persona, pero eso no es así desde su función matemática informática. Desde el punto de vista de una evaluación matemática para el procesamiento correcto y finito de la data necesitamos los números negativos ya que ellos, computados juntamente con los números positivos, ofrecen información real, no meros datos. Es decir, con la misma población de personas, podemos ofrecer contestar numéricamente, pero agregando evaluar negativamente una actividad. Si agrandamos el alcance de las respuestas de -10 a 10 agregamos un valor único e irrepetible, el 0, el estado neutro de una respuesta, ni positivo ni negativo. En matemática el número cero no tiene signo, pero en informática agregarle signo manifestaría la tendencia de un valor neutro. Esa tendencia es la denominada tendencia de un factor crítico.

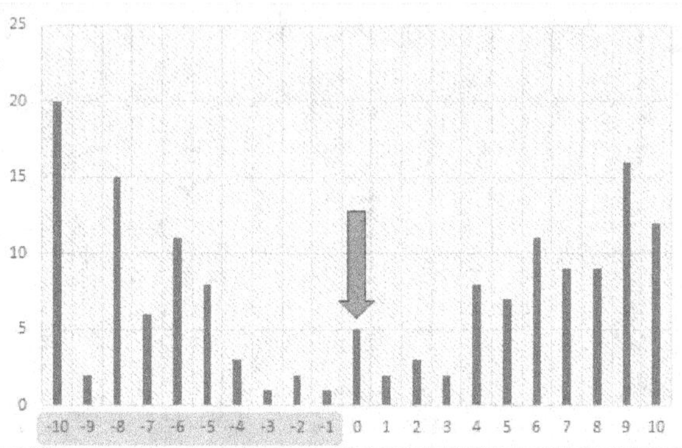

Con la misma población, buscando asociaciones de respuestas combinadas encontramos otro tipo de resultado.

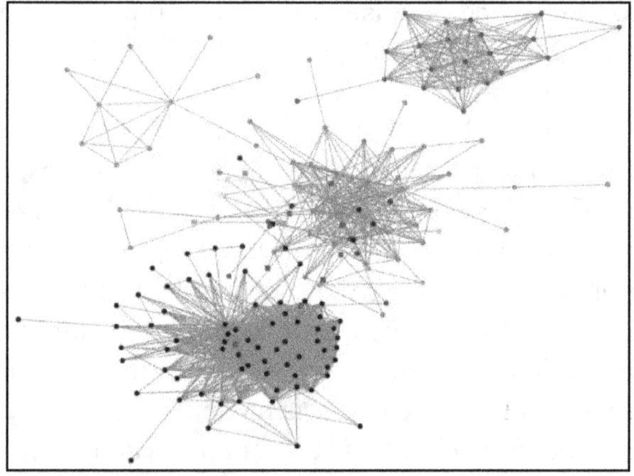

Como resultado de las encuestas, recomiendo utilizar metodologías que consideren evaluaciones negativas. Esto hará más fácil a los ejecutivos de la industria de servicios percibir plenamente los riesgos que afrontan las personas, y también sus bienes tales como los cobots.

La importancia de la tecnología en seguridad en la era de los cobots

La visión de ciudades futuristas donde todo está robotizado y la convivencia entre el hombre y la máquina es algo cotidiano, ya ha llegado a nuestros lugares de trabajo. Es innegable que hay tareas y lugares en que no es posible reemplazar al hombre por la máquina. Pero hay otros lugares o tareas que, por su peligrosidad, su falta de humanidad, su carga física y/o mental sería deseable que éstas puedan ser sustituida por un cobot.

Un cobot es un robot colaborativo que está pensado desde su concepción para trabajar en contacto con los seres humanos. Es imprescindible que en el siglo XXI las tareas que deban desempeñar las personas sean tareas dignas de su condición de ser humano desde todo punto de vista (conectando con RSE en Safety).

En el laboratorio SLS (Spoken Language Systems, Laboratorio de sistemas de lenguajes hablados) del Instituto Tecnológico de Massachussets (MIT) se estudian las interfaces de comunicación con el ser humano. Los verdaderos desafíos a principio del año 2.000 era el desarrollo de agentes virtuales que trabajaran al mismo tiempo y en forma paralela cruzando información de distintas fuentes. Uno podía preguntar oralmente ¿Cuál es la dirección más cercana de un negocio?, **y al mismo tiempo,** señalar en un mapa. Se debía procesar dos entradas de información, la pregunta en lenguaje natural y la interfaz humana señalando una locación.

Esto no es un verdadero desafío, pues la eficiencia en las respuestas corresponde cada vez más a un poder de procesamiento de cálculo y algoritmos.

El verdadero desafío es cuando esa interfaz se produce entre cobots donde un ser humano participa como un tercero, o en la relación de 2 seres humanos donde un cobot asiste a ambos. La desambiguación de comunicaciones entre distintas fuentes es un problema complejo de recursos escasos.

Podemos tener un proceso de automatización establecido, pero lo que no está previsto es el ambiente donde esa automatización se realizará. Cada instalación es distinta. Los responsables de seguridad estarán entonces más conscientes en la relación de sucesos de varios componentes del sistema a analizar, ya sean humanos o automatizados.

Aquí yace la base de la seguridad futura. Hay mucha gente estudiando cómo poder hablarle a una máquina, pero no hay mucha gente que esté estudiando cómo las máquinas pueden hablar entre sí.

Veamos el caso de los nanobots. Los nanobots son robots de escala nanométrica que son necesarios para, por ejemplo, los análisis químicos, especialmente en la medición de concentraciones de químicos tóxicos en el ambiente. Un Nanobot debería tener la capacidad de construir una copia de sí mismo, lo cual requiere ciertos medios de movilidad a fin de dar con las materias primas necesarias.

¿Para qué nos gustaría una maquina auto replicante? sería esencial por ejemplo para construir celdas de energía solar que permitan no usar los combustibles fósiles y disponerlas en lugares de alta contaminación, o lugares de difícil acceso humano.

Claramente vemos que el desafío de la automatización no es sólo la comunicación con un humano, sino la comunicación entre ellos, y las metodologías para reclutar, capacitar, entrenar y terminar estos auxiliares computadorizados.

Es importante garantizar que esta interacción sea lo más coordinada posible ya que un cobot no deja de ser una máquina en movimiento.

Computación cuántica

La idea de la computación cuántica surge en 1981, cuando Paul Benioff expuso su teoría para aprovechar las leyes cuánticas en el entorno de la computación. En vez de trabajar a nivel de voltajes eléctricos, él invitó a trabaja a nivel de la computación digital, un solo bit puede tomar dos valores: 0 o 1. En cambio, en la computación cuántica, intervienen las leyes de la mecánica cuántica, y la partícula puede estar en superposición coherente: puede ser 0, 1 y puede ser 0 y 1 a la vez (dos estados ortogonales de una partícula subatómica). Eso permite que se puedan realizar varias operaciones a la vez, según el número de qubits.

El número de qubits indica la cantidad de bits que pueden estar en superposición. Con los bits convencionales, si se tenía un registro de tres bits, había ocho valores posibles y el registro solo podía tomar uno de esos valores. En cambio, si se tenía un vector de tres qubits, la partícula puede tomar ocho valores distintos a la vez gracias a la superposición cuántica. Así, un vector de tres qubits permitiría un total de ocho operaciones paralelas. Como cabe esperar, el número de operaciones es exponencial con respecto al número de qubits.

Al igual que mi reconocimiento en este libro a la fuente de inspiración brindada por la trayectoria de Raymond Kurzweil, quiero destacar a una persona de origen soviético no tan conocido llamado Nikolai Brusentov, quien desarrolló la primera computadora llamada Setun con base ternaria, es decir, no usando bits 0 y 1, sino tres estados. Esa computadora fue creada en la unión soviética en 1958 y la considero una fuente de inspiración de mucha gente que trabajó en computación cuántica.

La Ley de Moore (1964), desarrollada por Gordon Moore, cofundador de Intel, predijo que los circuitos integrados que se desarrollan quedan como inalterables durante 24 meses, es decir que aproximadamente cada dos años se duplica el número de transistores en un microprocesador. Luego de ese tiempo sobreviene una cadena de inventos que generan nuevos y diferentes circuitos. Esta ley sigue aún vigente y es un real misterio el por qué sucede así. De cualquier manera, a este tipo de crecimiento se lo representa mediante una curva de tendencia lineal.

En cambio, la computación cuántica es de carácter exponencial por lo cual sería de esperar que para el 2030 tengamos ordenadores con millones de veces la capacidad de los ordenadores actuales. Esto nos permitirá un procesamiento de cálculo que nos ayudará a establecer, con planificación previa, y también en tiempo real, todo potencial accidente.

Veamos otro ejemplo de Singularidad. Si en el futuro quisiéramos evitar caídas en altura, una opción válida podría ser que los arneses consideren la singularidad de combinar un elemento de protección personal como ser el arnés, el casco, etc., con características de automatización que hagan más cómodo y eficiente el trabajo. Por ejemplo, un arnés, un casco, un guante o cualquier otro elemento de protección personal podrían estar "conectados" a una red de datos y **en su conjunto,** transformarán un problema complejo, en un sistema de problemas simples **combinados.**

Inteligencia artificial y entrenamiento.

Las tendencias emergentes en los avances tecnológicos, como el big data, la computación en la nube, la inteligencia artificial (IA), la robótica, la impresión 3D, los modelos de simulación y visualización y la convergencia de tecnologías (biotecnología, nanotecnología, tecnología de la información y ciencias cognitivas) están creando nuevas oportunidades y desafíos en todos los ámbitos de la vida incluida la seguridad laboral.

Para garantizar la seguridad industrial habrá que comenzar a proveer soluciones basadas en inteligencia artificial, las cuales podrán detectar y aprender sobre los diferentes tipos de riesgos, cómo abordarlos y proveer soluciones del tipo preventivo y evitativo.

El "Pensamiento 2030" hará que algunos entornos de trabajo sean más seguros y hagan obsoletas las actuales regulaciones de seguridad industrial. Los nuevos modos de interacción hombre-máquina en un taller también deben seguir prácticas sanas de salud y seguridad. Y no menos importante, las tecnologías futuras deben prever los ciberataques.

La realidad aumentada, la realidad virtual, y el impacto en la capacitación

La realidad aumentada es, en mi opinión, uno de los avances más potentes de la tecnología de este siglo.

Esta tiene una particularidad que lo hace enormemente ventajoso y de fácil y creativa implementación. **Todo material traslúcido** (ventanas, puertas, pisos, techos, revestimientos de una máquina, ropa, lentes, recipientes, etc.) que por su transparencia permita el paso de la luz, pero que bloquee elementos ambientales como el sonido, el viento, el agua, y movimientos de insectos, animales, y personas, **es un potencial elemento para complementar una realidad aumentada.**

La realidad aumentada tiene muchos usos. La utilización de la realidad aumentada como recurso en la capacitación y entrenamiento de los empleados es un elemento enriquecedor de las experiencias, algo que se buscan dejar en todo buen entrenamiento. Es sabido que toda experiencia que pasa por el cuerpo es una experiencia que perdura en el tiempo, por eso me parece fundamental utilizar este tipo de herramienta virtual y así lograr crear una experiencia de índole vivencial. En general es muy difícil explicar cuál es la consecuencia de no seguir un procedimiento, o cual sería la consecuencia de un accidente. Se puede intelectualizar el concepto, pero es muy difícil "sentir" la descarga durante un arco eléctrico, o la sensación de una caída de altura. Con la ayuda de esta tecnología todo está más al alcance de nuestras manos y sentidos.

Por ejemplo, utilizando un render mediante realidad aumentada se podría indicar en un visor en tiempo real los peligros inherentes al ambiente de trabajo derivados del mismo plano del edificio o de las líneas de producción de una empresa específica y usarla para sus propios empleados.

Propuestas en educación

"La experiencia propia cuesta cara y llega tarde" dice un lema popular. ¿Cómo educar brindando esa experiencia? Supongamos que ocurre un accidente mortal el cual le costó la vida a un operario cuando trabajaba delante de un tablero eléctrico, o detrás de un equipo de movimiento de materiales. ¿Podemos efectuar una simulación de la misma forma en que los pilotos de aerolíneas aéreas usan las cabinas de simulación para entrenar situaciones de riesgo? Claro que sí se puede. Personalmente viví la experiencia. Debajo encontrarán fotos que me tomaron mientras probaba la tecnología de realidad aumentada relacionada a Seguridad y así logré colocarme frente a un tablero en un escenario virtual provisto por la empresa Nextwave Safety Solutions Inc.

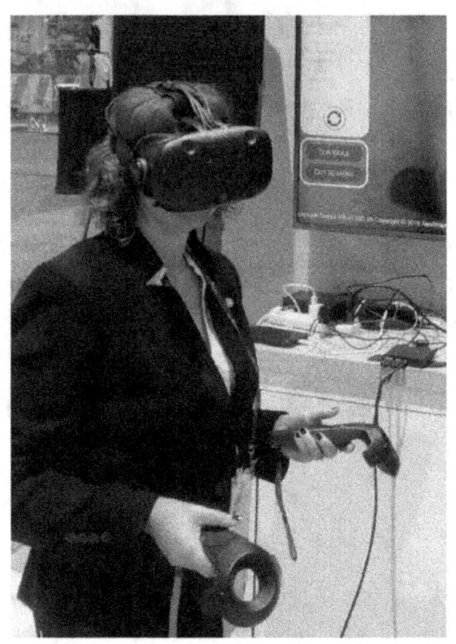

Este tipo de soluciones de capacitación son relativamente fáciles de desarrollar. Todas las empresas tienen los planos de ingeniería de sus fábricas, por lo cual es sencillo efectuar la ambientación de esos planos en una renderización virtual y luego desarrollar programas de educación específicos para una planta. Para ello sería útil conocer antes la instalación, caminarla mucho, y principalmente observar si hay cambios entre los planos y la realidad de la instalación en ese momento.

El primer paso que recomiendo para instalar esta tecnología es hacerlo en un lugar donde haya sucedido un accidente mortal en caso de que lo hubiese habido, o donde haya sucedido una cantidad considerable de lesiones. También podemos analizar y compartir métricas con otras organizaciones considerando nuestra muestra poblacional, el complemento de la muestra, o la muestra del mercado.

¿Dónde debo capacitarme?

Claramente debemos capacitarnos en 3 áreas:

- Capacitación en Safety, normas y regulaciones.
- Capacitación en la organización, adaptada a nuestras circunstancias
- Y capacitación en el impacto de la automatización y la singularidad

Singularity University

Hay mucha capacitación disponible, especialmente en normas, y también en universidades que ofrecen postgrados en seguridad industrial, pero me quiero detener para describir en profundidad la importancia de Singularity University. Esta universidad fue fundada, entre otras personas, por Ray Kurzweil, una de las mentes más brillantes de nuestra actualidad. Sus acreditaciones son muchas, tales como doctorados en más de 10 universidades, premios del Instituto Tecnológico de Massachussets y decenas de otros honores más. Sin dudas podemos afirmar que Ray es un verdadero visionario.

Hace poco leí que R. K. ingiriere como alimentos una increíble dieta de 250 pastillas diarias y más de 6 transfusiones intravenosas con suplementos nutricionales Me sorprendió y al mismo tiempo no, dado su nivel de inventiva y su grado de compromiso. Lo considero personalmente una persona increíble, cuya curiosidad infinita transforma todos los temas que toca. No me sorprendió tampoco leer que ha creado y posee también cientos de inventos y patentes.

Por mencionar algunos, Ray Kurzweil ha desarrollado uno de los primeros sistemas de reconocimiento de caracteres (OCRs), el primer scanner con algoritmos de inteligencia artificial, primer sintetizador de texto a habla (text to speech), el primer sintetizador que recreó sonidos de piano y orquestas, entre otros tantos inventos, patentes y tecnologías relacionadas a los sentidos del ser humano y la inteligencia artificial.

Según Kurzweil la singularidad de nuestro futuro está definida claramente como el destino de colaboración entre las máquinas/tecnología, y el ser humano.

Luego de mucho estudio y profundización considero que es en esa singularidad donde se encuentra la clave y la base para lograr el cero accidentes.

Según los lineamientos de SU, podemos deducir que cada elemento de protección personal deberá estar "conectado" a una red de datos y análisis. Pensemos en un casco que nos permita tener monitoreado al trabajador solitario, sigamos con el calzado para entender el movimiento de cada empleado dentro de una fábrica de la misma manera que hoy se analiza la locación de cada tiro de básquet en un partido.

Esa singularidad es la que nos permitirá cruzar los límites biológicos de nuestros cuerpos, y principalmente de los sentidos, derivado en un crecimiento de nuestras capacidades individuales y conectadas colaborativamente.

Veamos un ejemplo más visual. Pensemos en el famoso juego Rubik, el cual consiste en ordenar un cubo de seis colores compuesto por 9 dados por lado (hay variantes de muchos más dados por lado, y de distintas formas y diseños). Ahora supongamos que algunos "dados" (componentes) son biológicos, propios de nuestras características del ser humano, y otros "dados" (componentes) son automatizados, propios de un proceso de mejora. ¿Cómo podremos medir la singularidad de la combinación de elementos? Podremos medir esa combinación cuando entendamos que la singularidad es como tener un Rubik de un solo dado, todo integrado.

PARTE 2 ACCIONAR

El ser humano como agente de ajuste en el trabajo.

Un agente es una entidad que presta un servicio. En el contexto laboral de cambio, un agente es aquel que tiene y asume toda la responsabilidad de difundir y gestionar ese cambio.

Es por ello por lo que para gestionar un cambio que reduzca accidentes debemos considerar a cada persona como un agente de ese cambio. No queda en la responsabilidad de un líder gestionar el cambio, sino comunicarlo y enfocarlo. La gestión se produce entre todos en forma colaborativa.

En una planta industrial es innumerable la cantidad de situaciones en las cuales el ser humano es tomado o utilizado como la variable de ajuste, es decir, es la única entidad dentro de la organización con capacidad constructiva para adaptarse a situaciones complejas, toma de decisiones rápidas, layouts complicados, etc.; mientras que los cobots, robots, y máquinas no pueden hacerlo debido a su rigidez estructural y de diseño.

Es en estas situaciones en donde se producen la mayor cantidad de lesiones y enfermedades de índole laboral, donde la previsión no llegó y el ser humano sale a suplirla. Aquí vuelve a aparecer el estrés, la mala postura o posturas forzadas, los golpes, etc.

Es aquí donde considero que la tecnología tiene que estar al servicio del bienestar del ser humano ayudando a predecir estas situaciones de riesgo y posibles enfermedades. Donde los cobots aparecen, pero acompañados de un proceso de transformación de los puestos o tareas de trabajo. La persona que acompaña al cobot tendrá una nueva función que antes no tenia y por lo general serán funciones que deberán ir acompañadas de un aumento en la calidad de sus pensamientos y conocimientos. Las personas pensarán más y realizarán menos movimientos repetitivos y/o forzados.

Trastornos musculoesqueléticos y otras patologías

Según la definición del Instituto Nacional para la Seguridad y Salud Ocupacional (NIOSH) un trastorno musculoesquelético relacionado con el trabajo es una lesión de los músculos, tendones, ligamentos, nervios, articulaciones, cartílagos, huesos o vasos sanguíneos de los brazos, piernas, cabeza, cuello o espalda que se produce o se agrava por tareas laborales como levantar, empujar o jalar objetos. Los síntomas pueden incluir dolor, rigidez, hinchazón, adormecimiento y/o cosquilleo.

Acerco una pregunta para los responsables de seguridad: ¿había antecedentes de trastornos musculoesqueléticos en los casos de accidentes fatales? Esta pregunta incluye a la persona y conjunto de personas involucradas tanto en los accidentes como en las fatalidades.

El trabajar en la fisiología de los empleados es también necesario. Los trastornos se evitan usando dispositivos de asistencia ergonométricos.

Mi recomendación es integrar la base de datos de consultas médicas de la población a la base de datos de lesiones informadas. Por ejemplo, la hipertensión arterial es causa de accidentes de trabajo si la aparición está relacionada con el trabajo. "¿Cómo no va a estar relacionada con el trabajo si la persona apenas duerme 8 horas, y el resto del día vive y trabaja en un trabajo estresante que impacta en todas las áreas de su vida?" — exclamo con firmeza en mis conferencias y entrenamientos. Siguiendo con el ejemplo de una hipertensión (podrían ser muchas otras patologías) podemos decir que, o está relacionada directamente a una actividad determinada y objetiva, o está relacionada indirectamente a una actividad subjetiva (impacto psicológico).

Para analizar aún más la importancia del estrés y su impacto psicológico, en mis nuevas charlas invito a psiquiatras que asisten a entender más profundamente los orígenes y consecuencias del estrés laboral crónico. Mi recomendación, para todos aquellos que estén interesados a entender más sobre este tema, es llevar a cabo trabajos de consultoría multidisciplinarios. Tener o estar a cargo de una fábrica y que ésta sea recorrida y estudiada por un psiquiatra puede ser sumamente ventajoso, pues su profesión le permite hacer una lectura de los hábitos desde un punto de vista muy distinto al de un ingeniero.

Vehículos a motor

Según la plataforma de datos Injury Facts, las tendencias no son profecías, pero establecen la dirección del comportamiento colectivo. El número de accidentes y lesiones producidos por vehículos a motor del año 2017 eran 4.7 millones en USA con un costo de aproximadamente 433 billones de dólares. Más de 40,000 personas perdieron la vida en base a un universo automotriz de 270 millones de vehículos registrados en USA.

Los accidentes mortales se producen en su mayoría en conductores y pasajeros de vehículos a motor.

El factor crítico de análisis entonces está en los momentos de transportación y considero que habría que sumar al análisis si eran momentos no planeados.

Insisto entonces. ¿Cómo disminuir accidentes? Previendo un ambiente de trabajo singular que resulte de una mejor capacitación al personal humano, y una eficiente colaboración de la tecnología.

Es mi ferviente creencia que un accidente, y principalmente las fatalidades con un vehículo a motor, son previsibles. Si una persona se acerca a una zona de tráfico de vehículos debería disponer de una pulsera en la muñeca que, a través de un sistema como NFC de interacción por cercanía, produzca una acción específica, supongamos una vibración, y así alertar a la persona del posible peligro. Asimismo, la misma pulsera, conectada a una base de datos, al "darse cuenta" del incremento de un potencial accidente, es decir que está registrando patrones de riesgo, podría cambiar de color y así también alertar a la persona de la situación. Podría ser también el mismo guante que use, o el protector visual, auditivo o el caso. El uso de tecnología en la ropa es un elemento muy interesante para utilizarla como medio de prevención.

Ray Kurzweil en su libro de 1999 "La era de las máquinas espirituales" ya mencionaba que para el año 2019 los ordenadores comenzarían a estar dentro de los elementos de la vida cotidiana como la ropa, muebles, joyas y especialmente en nuestro cuerpo.

Los elementos de protección y los cinco sentidos.

En mi visita al National Safety Council 2019 quedé muy impactada la ver la cantidad de stands exponiendo una gran variedad de elementos de protección personal. Cada día habrá nuevos productos con nuevas propuestas debido a las nuevas condiciones de protección que los empleados deberán usar en el futuro. Deberemos trabajar en proporcionar EPP o PPE en su simbología en inglés, cada vez más confortables, más modernos, más amigables, más tecnológicos y, por qué no, más fashionistas (miremos el caso de Cocó Chanel, quien fue una visionaria al sumar el sentido de la moda a la ropa de las trabajadoras estadounidenses de la postguerra).

Los elementos de protección personal deben incorporar tecnología, especialmente para potenciar nuestro cuerpo, no solo para protegerlo.

La combinación de elementos y tecnologías es esencial. Un guante que cambia su temperatura dependiendo los materiales que toca potencia el tacto, aún con el guante puesto. Una proyección en un visor incorporado a un casco incrementa la información a través de una visión aumentada. Un auricular de conducción ósea puede producir vibraciones que transmiten sonido sin anular los conductos auditivos, habilitando el concepto de agregar al cuerpo humano dos nuevos canales auditivos.

Es imperativo considerar la protección y mejora de nuestros sentidos, como así también las condiciones de trabajo, ropa con protección contra frío, fuego, trabajo en altura, y todas las variantes requeridas por los diferentes trabajos manteniendo en foco la disminución a cero de los accidentes.

El oído y los protectores endoaurales.

En lo referente a la protección del oído, uno de los factores más importantes que debemos analizar para luego efectuar una buena selección de equipo protector es la reducción del nivel de decibeles a los cuales se expone a las personas.

Cuando el ruido ambiente supera 85 decibeles, se debe disponer de protección auditiva, pues es el límite máximo aconsejable para mantener una audición normal. Para estos casos se usan protectores de caucho o auriculares en forma de orejeras.

Esta protección, al mismo tiempo que disminuye la conducción de ruido nocivo también anula la audición y hasta puede modificar la percepción y el equilibrio. Lo bueno de estos protectores es que colabora a evitar el daño. Lo malo es que no permite escuchar el grito de un compañero de trabajo que preavisa de una situación de riesgo inminente. Este tipo de protección anula un canal importantísimo de ingreso de información al cerebro.

Tuve la posibilidad de conocer la firma Aftershock, la cual fue pionera en la tecnología de conducción a través del hueso y tiene más de 300 patentes desarrolladas hasta la fecha de publicación de este libro.

Al usar estos audífonos me resultó muy interesante la idea de poder combinar un protector de caucho resguardando los oídos, pero al mismo tiempo contar con un camino alternativo para escuchar sonido a través de nuestros tímpanos y huesos simultáneamente.

De esta forma si todos los trabajadores usan un auricular de este tipo con micrófono que capte el sonido ambiente y la voz entonces podríamos disponer de un segundo par de oídos para escuchar a los compañeros o jefes. El desafío consistiría tal vez en la reducción de ruido en la comunicación y la provisión de tecnología que sintetice mejor el sonido.

La singularidad de nuestro futuro ya está presente en la vida cotidiana. Hay personas que tienen auriculares puestos durante todo el día conectados a sus dispositivos y teléfonos móviles. Los niños y adolescentes pasan más tiempo con auriculares que escuchando el sonido ambiente.

Hacer de este elemento de protección personal un asistente colaborativo de comunicación garantiza la disminución de eventos de riesgo de accidentes.

En una organización me preguntaron cómo podría instrumentar el cambio al uso de auriculares conectados a sus miles de empleados. Mi respuesta fue que no hacía falta hacer el cambio, esto ya está sucediendo por la simple existencia y uso cotidiano de los celulares. Simplemente debemos gestionar la colaboración entre esos dispositivos, no la introducción de nuevos, al menos para empezar.

También debemos considerar que las personas ya están acostumbradas al uso de auriculares debido al cotidiano empleo de teléfonos móviles ya sea para comunicarse, informarse y escuchar música, por lo que muchas ya comenzaron a preguntarse cómo pueden mantener su audición saludable. Entrevistando a especialistas de audición, aprendí que cada vez es más común la gente que adopta amplificadores Britzgo a sus oídos, o que incorporan la tecnología "Audio Zoom", la cual reduce ruidos en forma inteligente. Esto se utiliza, por ejemplo, en sets de filmaciones para mejorar el sonido de la persona que se enfoca, y no sobre todo lo que sucede. El problema de los amplificadores de audio es que amplifican todo el sonido ambiente, por lo cual es necesario que se utilicen procesamientos de cálculos.

En 1976, Ray Kurzweil presentó la "Kurzweil Reading machine", primera máquina de lectura en voz alta para ciegos. Esa información me disparó una pregunta. ¿Es posible desarrollar procesos de lectura de material y de sensores y enviarlos en formato de audio a las personas? Con la nueva tendencia en materia de chips de procesamiento podremos poner en un auricular la capacidad que hoy tienen miles de computadoras simultáneas.

El tacto y los guantes.

Uno de los elementos que más presencia tiene en la oferta de elementos de protección son los guantes. Los hay de todo tipo de característica, función, y apariencia.

Hay guantes de látex, antibacterianos y antifúngicos ideales para manejo de sustancias químicas y salud. Los hay de fibras sintéticas con mayor resistencia que el látex y en formas combinadas, es decir en el frente y en el dorso cuenta con diferentes tipos de protección, ya sea contra cortes, enganches, abrasión, y perforaciones dependiendo de las zonas más afectadas. Y habrá también guantes contra las temperaturas extremas de frío y calor, otros para ambientes secos o húmedos, algunos con más comodidad como los de poliuretano como para procesos de ensamblaje y manejos de componentes eléctricos, otros para soldador, y así. Como verán hay muchas variantes.

Es muy interesante observar cómo las empresas incorporan tecnología a los guantes. Desde dispositivos GPS para posicionar el uso del guante de un determinado sector, como sensores del tipo giroscopio de tres ejes, sensor de proximidad, sensor de luz ambiental, de temperatura, barómetro, acelerómetro, y otros muchos tipos de sensores que están saliendo día a día al mercado.

Me gustaría compartir con el lector una reflexión acerca de los guantes. Los guantes en el futuro no deberían privar de la enorme capacidad de sentir que tienen nuestras manos. Nosotros podemos percibir una superficie rugosa y sólo con el tacto podemos determinar el grado de peligrosidad que tiene esa superficie. Con un guante disminuimos esa capacidad y la cambiamos por la presunción de una circunstancia única o combinada de temperaturas y situaciones.

Los guantes deberán estar equipados con sensores, y deberán potenciar las características anatómicas y las habilidades sensoriales y motoras de nuestras manos. En la relación entre el tamaño de las falanges podemos encontrar la secuencia de Fibonacci, y en la proporción entre el antebrazo y la mano encontramos el número PI (∏). También las uñas pueden indicar síntomas de salud de un individuo, entre otras muchas observaciones y utilidades que nos brindan nuestras manos y brazos. Es decir, los proveedores de los guantes del futuro deberán ser especialistas en protección, pero también en ergonomía, salud, y tecnología.

El olfato y las máscaras.

La principal preocupación de los responsables de seguridad con respecto al olfato y máscaras es la protección de vías respiratorias.

El ingreso de oxígeno al igual que el desecho de dióxido de carbono mediante la buena respiración son el sistema de entrada y salida de la energía básica necesaria para el correcto funcionamiento del cuerpo humano. Cualquier alteración en la calidad del aire que respiramos produce innumerables lesiones y problemas, algunos en forma inmediata, otros luego de varios años.

La protección del olfato se realiza con máscaras que filtran o que son conductoras de aire. Esto se logra mediante dispositivos que llevamos con nosotros.

Pero las máscaras producen numerosos inconvenientes.

En una visita a una planta hace algunos años, el responsable de hacerme la visita guiada me proveyó de una máscara filtrante, pues la caminata incluía hacerlo por sectores que era necesario proteger nuestras vías respiratorias.

A medida que caminábamos y hablábamos con diferentes personas era común que tuviéramos que mover la máscara de lugar con la mano hacia afuera para poder mantener las conversaciones necesarias.

Cuando finalizamos la visita, me dirigí al jefe de planta y le pregunté cuál era el sentido de usar las máscaras si para hablar tuvimos que retirarlas de su posición adecuada en varias oportunidades.

Estas son las preguntas que me hago cuando veo que el elemento de protección personal inhibe la anatomía y las habilidades básicas de las personas.

Mi postura hoy es que en los lugares de uso de máscaras debe ser estudiado el uso de dispositivos de colaboración con base tecnológica. En el caso mencionado, disponer de una máscara sin un correcto complemento de auriculares y micrófonos produce, además de situaciones de peligro, exposición inadecuada a productos no saludables, y tantos más, un problema muy importante de confianza en el desarrollo de seguridad de la empresa. Si no usamos la protección en forma correcta promovemos la aparición de situaciones que finalizan en accidentes y/o enfermedades profesionales.

La vista y la protección visual.

En un ambiente de trabajo, la vista nos permite obtener la mayor cantidad de la información básica y relevante respecto a la seguridad del lugar. Por ende, todo elemento de protección personal de la visión es absolutamente esencial.

La visión me permite ver a través de un material traslúcido, por lo que puedo tener un material entre mi visión y el objeto que quiero ver. Esto me permitirá usar ese material para proteger, pero, como dijimos anteriormente, también para ver la información a través del uso de la tecnología de realidad aumentada. El objeto traslúcido puede proyectar una pantalla, y si superpongo la pantalla con mi visión tengo lo que se denomina una visión aumentada, una realidad aumentada.

El elemento de protección visual es ideal donde incorporar realidad aumentada. Desde tecnologías que brinden información en un sector específico y fijo de la visión, hasta brindar información dinámica, apareciendo la información en diferentes lugares de la superficie de visión relacionada al cambio de enfoque al mirar un nuevo elemento o al cambio en el campo visual al estar en movimiento.

La protección visual debe ofrecer información de reconocimiento visual. ¿Puedo reconocer una persona y proyectar en mi visión información sobre esa persona? ¿sobre una máquina? ¿sobre un tablero eléctrico? ¿sobre una orden de pedido? ¿Cambios de stocks? ¿Mapas? ¿información que se encuentra fuera de mi ángulo de visión, por ejemplo, a mi espalda, como la mayoría de los autos que tienen cámaras para cuando se mueven marcha atrás? Totalmente.

¿Qué tipo de peligros puedo anticipar con información en una pantalla? ¿El cambio del color de la protección debido a un sensor incorporado de elementos que afectan las vías respiratorias? También.

Entonces, veamos de qué 3 elementos debe disponer un dispositivo de protección visual del futuro:

a. **Protección**. Debe proteger la visión de todo tipo de impactos y situaciones que afectan la visión.
b. **Información**. Debe proveer información de las personas, maquinas, e inmuebles que nos ayuden con nuestro trabajo así también como de los procesos y estados que facilitan el mejor cumplimiento de la productividad.
c. **Sensores**. Debe tener todo tipo de sensores, pues visualmente es muy fácil distinguir una situación de alarma.

Sigo pensando y agrego. ¿Se podrá también proyectar imágenes directamente en la retina? La respuesta es sí, pero no tiene un uso comercial por ahora, ya que esas tecnologías y sus usos están en fases de investigación a la hora de escribir este libro en el año 2019.

En Redmond, Washington, hay una empresa llamada MicroVision que es parte del cónclave de líderes de alta tecnología en el área metropolitana de Seattle. MicroVision, es una empresa pionera en escaneo de rayo láser que permite crear pantallas de proyección en miniatura de alta resolución y sensores.

En mi afición por leer y estar siempre al tanto de las tendencias y la aventura tecnológica en la que los humanos estamos embarcados muchas veces me encuentro pensando ¡Hay que ser prácticos! Veo empresas buscando hacer pantallas miniatura y otras haciendo pantallas más grandes, pero pienso que nos olvidamos de que, más temprano que tarde, estaremos proyectando pantallas en paredes, pisos, techos, y ¡ventanas traslúcidas! donde podremos elegir a qué tamaño la queremos dependiendo de la circunstancia y a la necesidad de cada momento.

Entonces si estamos hablando de Accionar, disponer que un turno de 400 operarios tenga un casco con visor y audífonos que amplíen la capacidad de escucha al tiempo que se protege la salud, cascos con pantallas, arneses y cascos con dispositivos de seguimiento y análisis de rutinas, guantes que permitan sentir al mismo tiempo que ofrezcan protección son todas acciones claras hacia un cambio radical. Pero sé que puede necesitar planificación, evaluación, tests, inversión, y varios ítems más. Pero si realmente se quiere accionar hacia un futuro de cero accidentes, ¿Por qué no empezar por pequeñas cosas, como por ejemplo la automatización de paredes, puertas, escaleras, techos, pisos, ventanas?

La proyección de la información puede ser dinámica según la población de personas con las que se interactúe.

¿Debo entonces incorporar pantallas en las paredes? ¡Sí! Pero prefiero recomendar empezar por instalar proyectores, son más fáciles de cambiar de lugar, los tamaños de pantalla producidos son flexibles, son de más fácil mantenimiento y de más bajo costo.

Y en forma individual, comenzaría con la realización de pilotos con algunas funciones específicas. Por ejemplo, respecto al uso de renders para salas de capacitación para aquellos trabajadores que requieran acceder a áreas complejas y peligrosas de la fábrica ofreciéndoles un entrenamiento en forma virtual y renderizada.

¿Y qué pasa con el gusto?

Especialmente en el área de control de calidad de alimentos hay una compleja relación entre las células del gusto y los sensores químicos.

La salinidad en áreas cercanas al mar se siente en el olfato y en el gusto de los expertos, y es por ello por lo que es muy importante determinar los componentes químicos del aire y de los alimentos en forma singular y constante. Una vez más aparece la necesidad de una combinación de tecnología y cuerpo humano.

Muchas veces escucho decir que es imposible detectar la inmensa cantidad de información que procesa el ser humano con el gusto, y mi respuesta y recomendación es, **comencemos con detectar cambios.**

Si tengo un sensor de químicos y durante 200 días los resultados de análisis están con un cierto patrón matemático pero un día ese patrón cambia, resultará fácil detectar cambios en la materia prima, en las recetas, o inclusive en la calidad de un producto.

La detección de movimiento u organismos vivos es también una cualidad que podemos detectar con el gusto.

El sentido del gusto y el olfato están íntimamente ligados. Al colocar una máscara de protección, no sólo inhibo el olfato, sino que además anulo el gusto. A veces, una traza de contaminante se detecta primero con la boca, en la punta de la lengua y luego con la nariz. Si a esto le sumamos que también estamos interfiriendo en el sentido del oído con los protectores auditivos y en el de la vista con los anteojos, estamos prácticamente eliminado los cinco sentidos naturales que posee el ser humano para vivir y comunicarse con el exterior.

Cuantos accidentes mortales acontecen porque la percepción del riesgo del contaminante no se realizó con la suficiente y necesaria antelación para así tomar las medidas adecuadas que permitieran salvar vidas. Un ejemplo que recuerdo es la situación del rescatista de los niños de Tailandia cuando quedaron aislados tras un Monson. Las noticias dijeron que el rescatista se quedó sin aire… pero en realidad mi deducción es que fallaron todos los sistemas de alarma de que el nivel de aire de sus tanques estaba bajando. Debido a que todo el equipo de protección respiratoria natural, es decir sus sentidos que son el mejor sistema de detección y alarma por excelencia, estaba todo alterado y tapado, el rescatista no fue capaz de advertir el riesgo inminente en el que terminó hallándose.

Ropa interactiva son sensores

Cuando se seleccione ropa de trabajo se deberán tomar en consideración los riesgos a los cuales los trabajadores pueden estar expuesto. Para ello se deberá seleccionar el tipo de indumentaria que reduzcan los riesgos al mínimo. La ropa de trabajo no debe ofrecer al trabajador el riesgo de engancharse o de ser atrapado por las piezas de las máquinas en movimiento, pero sería deseable que en caso de que ocurriera, la misma pudiera rasgarse para que el operario sea liberado de esa situación de inmediato. Es decir, al mismo tiempo, pero bajo circunstancias diferentes debería ser resistente y débil a la vez. Lamentablemente he visitado varias fábricas de diferentes rubros donde hubo accidentes fatales debido a que, paradójicamente, la ropa de trabajo que debía ofrecerle protección al operario fue el elemento que lo llevó a la muerte, por que una parte de la misma lo mantuvo sujeto a la máquina que finalmente lo llevo a la muerte.

Tenemos un gran desafío por delante incorporando los celulares, dispositivos que están incorporados desde el año 2007 a casi todas nuestras actividades cotidianas y laborales.

Al ser obligación el uso de la ropa de trabajo brindada por la empresa mientras dure la jornada laboral, es fácil entonces incorporar la tecnología a dicha ropa.

Ya podemos pensar en wearable cobots también.

Muchas de las tecnologías de las que hemos hablado y que entendemos son necesarias para lograr el índice de accidentes cero, se encuentran actualmente en período de exploración. Y hasta que no aparezcan tecnologías desarrolladas y probadas por empresas líderes que resalten la importancia del tema de la seguridad de las personas en sus agendas me temo serán sólo eso, temas de exploración, investigación y análisis.

DuPont ha aportado muchas patentes a la tecnología de la ropa desde el punto de vista de los tratamientos químicos que le han hecho a la trama de esta y los materiales descubiertos en temas de protección contra el fuego, contra cortes, etc. Hoy creo que comienza un nuevo capítulo con los sensores y la tecnología wearable, con las cuales se puedan conectar sensaciones, por ejemplo, que la sensación de frío libere una reacción exotérmica de componentes que estén dentro de la misma tela generando calor.

Estimo que aún es necesario ponerle muchas horas a la silla, conocimiento, desarrollo y tecnología a la sencilla tarea de vestir a un operario de manera segura.

El casco en un tema aparte

Voy a tomar unos momentos para hablar nuevamente y más en profundidad del tema del casco, ya que es un tema muy amplio en sí mismo. Como ya dijimos, sería fácil que el casco tuviera una cámara y sensores con distintos accesorios, como un GPS para poder ir monitoreando en tiempo real el trabajo, o inclusive utilizar esa información para proyectar dinámicamente información en las paredes, visores, salas de control o de entrenamiento.

La protección de la cabeza tiene múltiples variantes. Puede ser un casco como en el caso de la industria, un gorro o cofia en caso de hospitales o personal de limpieza, y también un gorro para personal de cocina, el cual no permite la caída de cabellos sobre los alimentos.

El casco es para proteger la cabeza de golpes, caídas, objetos peligrosos, agresores químicos, corriente eléctrica, etc. El plástico ha resultado ser un material muy positivo para su objetivo, y si se considera la incorporación de arneses en el interior también puede ser sumamente beneficioso para la amortiguación de impactos y golpes.

Pero volvamos por un instante más a las otras funciones importantes que puede cumplir un casco. La información más importante que nos puede dar es su ubicación física en el tiempo. Las métricas de estas 2 variables combinadas permiten analizar un comportamiento predictivo de riesgos, pues el casco debe analizar y tomar registro de locación, cambios, impactos, y demás información relevante para la salud y la seguridad de una persona a través de sensores.

Si un celular hoy tiene sensores giroscópicos de 3 ejes, acelerómetro, sensor de proximidad, luz ambiental y barómetro, al igual que otros dispositivos de uso común cuentan con sensores de color que nos indican distancias recorridas, velocidad, y pulsaciones, y tantas funciones más, entonces debemos estudiar cómo utilizar los cascos y las tecnologías, existentes y venideras, más en favor de la Seguridad en el trabajo.

Con respecto a las comunicaciones, es necesario que podamos comunicarnos con los cascos mediante dispositivos, programarlos y permitir que se programen entre ellos. Un día de lluvia y mucha humedad los sensores programados pueden intercambiar información acerca de niveles de humedad en paredes, pisos, ambientes y maquinas.

El casco debería estar en comunicación con drones. La utilización de movilidad en dispositivos de monitoreo es esencial, pues debemos siempre analizar la presencia de patrones matemáticos que no están presentes en los análisis.

Un drone con combustible de hidrógeno tiene una autonomía superior a 2 horas, lo que permite estudios intensivos de pérdidas de cañerías, filtraciones, focos de humo, y tanto más.

En trabajos de altura, si el casco mantiene la comunicación en red informando la altura a la que se encuentra la persona, nos permitirá transmitir y verificar la adecuada presencia de otros elementos complementarios de protección para ese trabajo tales como los arneses de sujeción.

PARTE 3 MEDIR

El alcance de la medición.

La regla de los 5 minutos

Si efectuar un análisis de medición nos lleva más tiempo del esperado, entonces esto se transforma en una actividad que desmotiva.

En mis encuestas siempre escucho a la gente decir que no quiere perder mucho tiempo en los análisis. Es por esto que propongo la ley Lanfranchi de los 5 minutos. Si demoro más de cinco minutos en analizar las métricas, entonces no son métricas las que se están analizando sino meros datos. Es importante reafirmar la importante diferencia entre lo que sirve y lo que no. El análisis de métricas sirve, pues brinda información y se detecta en medos de 5 minutos. En cambio, los datos inútiles son los que no se entiende en qué específicamente aportan, y, por ende, no pueden ser utilizados a diario en el ejercicio de la prevención.

Si en un directorio de un computador tengo una planilla de cálculo, previamente formateada para registro de incidentes, entonces una macro (programa escrito) en Microsoft Excel puede leer cientos de esas planillas y armar una línea de tendencia de riesgos en menos de 5 minutos. Sin la macro (es decir, sin un programa de automatización), esto llevaría horas, o meses de trabajo del área de tecnología para fabricar programas que en pocos años serán obsoletos.

En el 2019 National Safety Council en San Diego, California también me llamó la atención la conferencia que trataba de métricas de lesiones, **¡no había nadie que expusiera sobre métricas combinadas con el uso de sensores de temperatura, humedad o clima!** Los accidentes ¿a qué temperatura aparecían? ¿Hay algún patrón de conducta ahí presente? Pensemos lo siguiente, miremos una tabla Excel con 5 columnas, fecha, hora, tipo de lesión, y locación GPS de la lesión, temperatura ambiente en ese ambiente, y temperatura o clima de esa locación geográfica. ¿Hay patrones que muestran la aparición de sucesos en determinadas circunstancias?

Se calcula que el costo actual de las lesiones en Estados Unidos equivale al 64% de cada dólar derivado de los impuestos federales y al 56% de cada dólar utilizado para la compra de alimentos.

Total Cost of All Injuries

$1,034.4 Billion

$0.64

of every dollar paid in personal federal income tax

$0.56

of every dollar spent on food in the U.S.

Motor-Vehicle Crashes Cost

$433.7 Billion

660 Gallons of Gas

for every registered vehicle in the U.S.

$1,900

for every licensed driver

Fuente: https://injuryfacts.nsc.org/

All preventable injuries, 2017

Class	Deaths	Change from 2014	Deaths per 100,000 people	Medically consulted injuries (a)
All classes (b)	169,936	5.3%	52.2	47,200,000
Motor vehicle	40,231	-0.2%	12.4	4,600,000
Public nonwork	38,210			4,400,000
Work	1,821			200,000
Home	200			(c)
Work	4,414	0.3%	1.4	4,500,000
Non-motor vehicle	2,593			4,300,000
Motor vehicle	1,821			200,000
Home	90,200	6.0%	27.7	25,300,000
Non-motor vehicle	90,000			25,300,000
Motor vehicle	200			(c)
Public	37,100	10.4%	11.4	13,000,000

Fuente: https://injuryfacts.nsc.org/

La tecnología y el trabajo en solitario.

El trabajo en solitario es uno de los más riesgosos trabajos que se lleva a cabo en una planta, pues en muchas circunstancias no existe una efectiva red de comunicaciones que permita una conexión con ese trabajador.

Aquí yace la importancia de contar con monitores móviles de comunicación como por ejemplo un drone. Este, en forma automática frente a la presencia de un patrón de riesgo (por ejemplo, la detección de un casco en un área de peligrosidad, un casco inmóvil donde debería estar en movimiento o un casco que se desplaza muy ligero por citar sólo algunos ejemplos) el drone podría automáticamente monitorear de forma efectiva la situación de ese empleado.

Necesidad de actualización legal

Como es de esperar con el constante avance de la tecnología, los marcos legales que lo contienen siempre están muy por detrás de la acción. Por ende, existe una clara necesidad de actualizar el marco legal con rapidez. En Argentina, por ejemplo, el marco regulatorio hace referencia al documento reglamentario de la ley 1958 y el decreto reglamentario 351 del año 1979. Vaya si han cambiado las cosas en los últimos 40 años....

Tener organismos permanentes, como observatorios de seguridad y salud en el trabajo, serán necesarios debido a los cambios radicales que aceleradamente comenzarán a acontecer en la medida que más y más la tecnología sea incorporada a nuestro campo de acción.

Si bien los grandes desarrollos tecnológicos que luego redundan en beneficios para los trabajadores o para la sociedad en general comienzan siendo desarrollos ultrasecretos de las fuerzas de seguridad para la defensa de las diferentes naciones, debemos promover la inmediata disponibilidad de esos desarrollos para la seguridad y salud de los trabajadores y no sólo eso, sino promover legislaciones.

También es necesario trabajar para alcanzar estándares globales de las regulaciones y/o mejores prácticas de la industria, ya que resulta muy difícil a veces poder trasladar una regulación de un país a otro o de una región a otra. Eso conduce a que en múltiples ocasiones descienda el nivel de exigencia o sea implementada en relación con la capacidad que cada país tiene y no con la rigurosidad que el tema amerita. Debemos trabajar seriamente, para que no haya lesiones de ningún tipo, menos aún fatales.

Profundicemos los análisis del cuerpo humano

Un tema que siempre me preocupó es entender los potenciales riesgos de salud en el trabajo. Hay muchos síntomas realmente "invisibles" que impactan directamente en lesiones y fatalidades. Si una persona tiene un dolor agudo en el pecho durante muchos segundos distraerá su atención de la tarea que está haciendo abriendo la posibilidad a un accidente en ese período de tiempo.

Todas las organizaciones asisten a sus empleados en controles médicos periódicos pero ha surgido un auge por las pruebas de ADN, para evaluación de ancestros y para análisis de prevención de enfermedades.

En términos de salud me preocupa la privacidad de los datos al obtener tu ADN de una muestra de tu saliva que puedes enviar por correo, pero también entiendo que la privacidad de los datos es un desafío global no sólo en esta área de la salud, sino en todas las áreas de la vida, por lo cual no quiero adentrarme en el tema de la privacidad pues considero que gobiernos y consumidores deben trabajar continuamente para la protección de datos.

Sí me interesan los posibles diagnósticos de este tipo de análisis de ADN para prevención de enfermedades. Por ello junto a mis colaboradores, en este año 2019, hemos decidido analizar los servicios de la empresa www.23andme.com

Si bien los resultados pueden no ser correctos es un avance para el análisis de riesgos de salud. Me interesará, y por ello esta referencia en este libro, si las empresas desarrollarán una base de datos genética (sin individualización de las personas) sobre determinadas características de la población de sus empleados.

Por ello quise dejar en este libro publicado en el año 2019 para poder comparar los avances en el futuro de los reportes hoy ofrecidos.

En primer lugar, todos los servicios tienen un reporte genérico de rasgos tales como: Calva (disponible solo para hombres), Juanetes, Caspa, Pérdida temprana del cabello (disponible solo para hombres), Miedo a las alturas, Pie plano, Frecuencia de picadura de mosquito, cinetosis (*trastorno debido a que existe un desacuerdo entre el movimiento percibido visualmente y el sentido de movimiento del sistema vestibular*), entre otros.

En los reportes de predisposición de salud podemos encontrar:

- Diabetes tipo 2,(Desarrollado por 23andMe Research, es para analizar si el cuerpo produce o no usa bien la insulina, la cual es una hormona que ayuda a la glucosa a entrar a las células para darle energía.
  - o Probabilidad genética de un trastorno de la regulación del azúcar en la sangre.
- La degeneración macular relacionada con la edad, la cual afecta la mácula, la parte del ojo que permite ver detalles pequeños.
  - o Riesgo genético para una forma de pérdida de visión en adultos
  - o 2 variantes en los genes ARMS2 y CFH, utilizados entre otros usos para análisis de pérdida de visión por la edad.

- Deficiencia de alfa-1 antitripsina, o ATT, es proteger a los pulmones de la inflamación por infecciones e irritantes inhalados.
    - Riesgo genético de enfermedad pulmonar y hepática.
    - 2 variantes en el gen SERPINA1, relacionado a a la ATT mencionada.
- BRCA1 / BRCA2 (Variantes seleccionadas), son genes que inhiben los tumores malignos.
    - Riesgo genético basado en un conjunto limitado de variantes para el cáncer de seno, ovario y otros tipos de cáncer.
    - 3 variantes en los genes BRCA1 y BRCA2
- Enfermedad celíaca
    - Riesgo genético para el trastorno autoinmune relacionado con el gluten.
    - 2 variantes cerca de los genes HLA-DQB1 y HLA-DQA1, relacionados potencialmente a enfermedades celíacas.
- Hipercolesterolemia familiar, para analizar el riesgo de la presencia de colesterol en sangre por encima de los niveles considerados normales.
    - Riesgo genético de colesterol muy alto, que puede aumentar el riesgo de enfermedad cardíaca.
    - 24 variantes en los genes LDLR y APOB es para analizar los riesgos de colesterol LDL superior a los límites normales.
- Deficiencia de G6PD, que afecta principalmente a los glóbulos rojos, encargados de llevar el oxígeno de los pulmones a los tejidos del cuerpo.
    - Riesgo genético para una forma de anemia.
    - 1 variante en el gen G6PD

- Amiloidosis hereditaria (relacionada con TTR), es una afección por la cual se forman depósitos anormales de proteína en los tejidos del cuerpo, con mayor frecuencia en el corazón, riñones y el sistema nervioso.
  - Riesgo genético para una forma de daño nervioso y cardíaco
  - 3 variantes en el gen TTR.
- Hemocromatosis hereditaria (relacionada con HFE), para análisis de hierro elevado en el cuerpo, que daña los tejidos y los órganos.
  - Riesgo genético de sobrecarga de hierro.
  - 2 variantes en el gen HFE.
- Trombofilia hereditaria, son problemas de salud relacionados a las probabilidades de tener coágulos sanguíneos anormales.
  - Riesgo genético para coágulos sanguíneos dañinos.
  - 2 variantes en los genes F2 y F5, relacionados a affeciones de coagulación sanguínea.
- Enfermedad de Alzheimer de inicio tardío.
  - Riesgo genético para una forma de demencia.
  - 1 variante en el gen APOE
- Poliposis asociada a MUTYH
  - Riesgo genético para un síndrome de cáncer colorrectal específico.
  - 2 variantes en el gen MUTYH
- Enfermedad de Parkinson
  - Riesgo genético para una forma de discapacidad del movimiento.
  - 2 variantes en los genes LRRK2 y GBA

También se reciben reportes sobre salud incluyendo Reacción de descarga de alcohol, Consumo de cafeína, Sueño profundo, Peso genético, Intolerancia a la lactosa,

Composición muscular, Grasa Saturada y Peso, y Movimiento del sueño.

Hay muchos más informes que muestran deficiencias de la proteína D-bifuncional relacionada a la protección de enzimas las cuales son las encargadas de energizar el cuerpo; otras que muestran intolerancias a la fructosa y decenas de potenciales riesgos, que dependerán de los orígenes también.

Aclaro y determino que esta información puede no ser correcta y está extraída de la información en internet con fines ilustrativos de mostrar el potencial de la tecnología de análisis de ADN. Es mi deber trabajar para que las personas tengan salud y por ello en este libro de tendencias futuras menciono estos análisis en el capítulo de medición. Si el 80% de la población de mis empleados tienen determinadas características es necesario que los asistamos.

No quise profundizar sobre los análisis, pues los puede haber muy importantes y otros no tanto, pero lo puse como una muestra de los análisis ofrecidos en la website de 23andme durante Octubre del 2019. No es mi intención hacer un diagnóstico de su uso sino compartir mi curiosidad por los análisis que se vendrán en el futuro a medida que se popularicen.

Riesgos y fortalezas futuros de análisis genéticos.

Los riesgos futuros de los análisis genéticos son todos los tipos de discriminación que se pueden desarrollar por tener mayor o menor preponderancia a determinados problemas de salud. Pero por otro lado son una información muy importante para los expertos de nutrición de la empresa.

Estoy convencida, que al ser los alimentos la principal fuente de energía de nuestro cuerpo, en el futuro habrá un área específica de nutrición reportando a operaciones, a recursos humanos y al sector de RSE o CSR, quienes se ocupan de la responsabilidad social empresaria. En mi libro de RSE en Seguridad pude escribir más sobre la importancia de CSR.

La propiedad intelectual, una invitación a agregar valor en el futuro.

Cuando analizamos la inversión en seguridad, en muy pocas empresas productoras se observa este análisis como una fuente de ingresos para la organización.

Las empresas productoras generalmente buscan la solución más fácil, la que está al alcance, buscan un proveedor que la fabrique, y una empresa de servicios que la venda y capacite sobre ella, pero nos olvidamos de que nuestro personal es una fuente inagotable de soluciones reales.

Sería bueno que, si observamos una metodología en funcionamiento en nuestras empresas, o un diseño de un objeto de utilidad, nos preguntemos si existe la posibilidad de registrar la propiedad intelectual de la mencionada metodología de uso y/o diseño.

En la práctica, una patente tiene de costo aproximadamente 40.000 dólares cada una entre desarrollo, formularios administrativos y legales y profesionales. Pero a nivel contable muchas de estas patentes tienen una valuación en los activos y patrimonio de la empresa que supera el cuarto de millón de dólares por patente. Una patente tiene 20 años de registro antes que sea de carácter público y podemos licenciar la tecnología a otras empresas generando también un ingreso por licencia de propiedad intelectual.

A su vez si la patente origina trabajo de mantenimiento es un costo, pero el trabajo de generar patentes relacionadas sirve nuevamente para un incremento del patrimonio neto.

Por lo cual generar patentes crea 3 fuentes de ingresos complementarios al analizar la propiedad intelectual:

a. Incremento de nuestro patrimonio neto, lo que en muchas circunstancias aumenta la valuación de la empresa
b. Incremento de nuestros ingresos debido a ganancias complementarias por licenciar la propiedad intelectual
c. Incremento de oportunidades de negocios

A todo esto, debemos agregarle la motivación que produce ser parte de una organización en donde la creatividad e inventiva se promociona y se celebra. Es común otorgar a los empleados autores de las patentes la mención en la misma, otorgándoles prestigio (las patentes son de la empresa, no de los empleados) y generalmente el premio por desarrollo de patentes está valuado en más de 5.000 dólares aproximado por registro. Estos premios se suelen dividir entre los participantes del equipo que formuló la patente.

¿Por qué es importante este tema? Pues una empresa también debe crear su futuro, y para ello debemos motivar e inspirar la innovación. Hay miles de educadores que fomentan la innovación y la creatividad, pero son pocos aquellos que desde sus aulas hayan salido patentes que hayan producido mejoras sustanciales en Seguridad.

Cuando trabajamos temas de futuro en mis talleres y cursos, siempre propongo llenar formularios de creatividad donde no se pueden escribir ideas, sino solamente metodologías y diseños que se hayan puesto en práctica. Mi estilo es motivar a la acción concreta, no sólo generar una conversación filosófica sobre mejoras.

Siguiendo con este análisis, y ya finalizando este libro, les propongo un ejercicio de 2 columnas, del estilo de los que hacemos al comienzo de mis capacitaciones: En la primera columna indiquen un tipo de sensor que conozcan, y en la segunda columna indiquen cómo lo incorporarían en elementos de protección personal y capacitación.

Sensor, indicar una lista de al menos 20 sensores que conozcan	Indicar un uso directo en un elemento de protección específico y personal, un uso de capacitación, y un uso combinado con otro sector
Sensor:	EPP:
	Capacitación:
	Uso combinado:
Sensor:	EPP:
	Capacitación:
	Uso combinado:
Sensor:	EPP:
	Capacitación:
	Uso combinado:
Sensor:	EPP:

	Capacitación:
	Uso combinado:
Sensor:	EPP:
	Capacitación:
	Uso combinado:
Sensor:	EPP:
	Capacitación:
	Uso combinado:
Sensor:	EPP:
	Capacitación:
	Uso combinado:
Sensor:	EPP:
	Capacitación:
	Uso combinado:
Sensor:	EPP:
	Capacitación:
	Uso combinado:
Sensor:	EPP:
	Capacitación:
	Uso combinado:
Sensor:	EPP:
	Capacitación:
	Uso combinado:
Sensor:	EPP:
	Capacitación:
	Uso combinado:

Sensor:	EPP:
	Capacitación:
	Uso combinado:
Sensor:	EPP:
	Capacitación:
	Uso combinado:

Sensor:	**EPP:**
	Capacitación:
	Uso combinado:
Sensor:	EPP:
	Capacitación:
	Uso combinado:
Sensor:	EPP:
	Capacitación:
	Uso combinado:
Sensor:	EPP:
	Capacitación:
	Uso combinado:
Sensor:	EPP:
	Capacitación:
	Uso combinado:
Sensor:	EPP:
	Capacitación:
	Uso combinado:
Sensor:	EPP:
	Capacitación:
	Uso combinado:
Sensor:	EPP:
	Capacitación:
	Uso combinado:

PARTE 4 REFLEXIONAR

La crisis se produce cuando lo viejo no acaba de morir y cuando lo nuevo no acaba de nacer

Berlot Brecht

¿Por qué las crisis aparecen y luego terminan? Reflexiones de abril del 2020

Todas las crisis pasan porque todo pasa, y todo lo que queda es lo que pudimos construir tanto en tiempos de paz como en tiempos de turbulencia.

La Seguridad no escapa a esa ley. Hoy más que nunca como líderes debemos estar atentos y vigilantes de la salud y seguridad de nuestra gente. Y cuando hablo de nuestra gente, me refiero a nuestra familia, amigos, equipos de trabajo, vecinos, colaboradores y nosotros mismos.

El **auto liderazgo** en lo que se refiere a **seguridad** se ha transformado, en esta época de Pandemia, en un pilar aún más fundamental de lo que ya era. No percibir el riesgo que hoy nos rodea sin la seriedad y la conciencia social necesaria es una trampa en la que podemos caer de considerar al enemigo como "invisible", como los son muchos de los riesgos que nos rodean a diario. Y es por eso por lo que bajamos la guardia, porque no lo vemos o nos acostumbramos a convivir con él, o nos creamos la falsa sensación de seguridad donde las cosas están bien, van bien o vamos mejorando solas.

Y así nos vamos permitiendo aflojar la guardia y el sentido común en el camino de la construcción de la consciencia de seguridad y salud. Ese es un viaje que no tiene un final feliz.

Para lograr algún tipo de final feliz, en post del cuidado del bien más preciado que tenemos, que es nuestra vida, tenemos que trabajar permanentemente en la búsqueda de la mejora continua.

La mejora de nuestros procesos organizacionales, la mejora de nuestros procesos de gestión de la seguridad, la mejora en la cultura de seguridad y por sobre todas las cosas la mejora de nuestras propias habilidades como líderes y más aún como personas es fundamental para poder afrontar los desafíos de este nuevo mundo que se está gestando. Es cierto que toda crisis trae en contrapartida nuevas oportunidades, pero para poder tomarlas hay que estar preparado.

Tenemos en nuestras manos la oportunidad y responsabilidad de ejercer nuestro **liderazgo visible** ante nuestra gente, la responsabilidad indelegable del cuidado del prójimo que aceptamos implícitamente cuando decimos ser su líder, su guía. El compromiso es entonces con la acción. ¡Hagamos!

Hoy más que nunca nuestra gente necesita líderes comprometidos, con coraje y humanos, velando por la seguridad y salud de sus equipos. Aprovechemos este momento. Lo que hoy estamos viviendo es único e histórico. Obremos a la altura de la circunstancia y de las necesidades de nuestra gente.

Muchas compañías cuentan con el BCP -Business Continuity Plan- con comités de crisis y con preparaciones ante emergencias. Allí se formulan simulacros y pruebas en condiciones normales de situaciones anormales. Pero para los tiempos que hoy vivimos nadie estaba preparado, y es aún más complejo, ya que la mayoría de la gente ni siquiera lo había pensado.

Pero no es tan así tampoco, permítanme re-frasearlo eso último. La verdad es que sí, muchos pensaron en un escenario como el que hoy vivimos, en universidades y agencias de gobiernos. También lo pensaron muchos creadores de películas y series de ciencia ficción, pero como algo que solo puede pasar en nuestra imaginación. Y algunos pensadores laterales como a Bill Gates, que lo enunció allá por el 2015, pero fue tomado como una idea exagerada o muy adelantada en el tiempo.

Y sin embargo aquí estamos, iniciado el año 2020 con la peor pandemia de la historia declarada. Una entidad microscópica, un virus, un Coronavirus que todavía los científicos están discutiendo si un virus es un ser vivo o no. Y en medio de esa discusión el virus nos está matando, y está matando al mundo en forma literal y no tan literal.

La peor muerte es la real, la de la gente, sin lugar a duda. Pero en algún momento habrá una nueva normalidad. No obstante, antes de que esa nueva normalidad se asiente, esta crisis mundial nos sacudirá con sus réplicas y after shocks, como lo hacen los grandes sismos que serán muchos y habrá muchos otros tipos de muertes.

Muchas cosas y dinámicas definitivamente cambiarán. El dinero y la relación con el dinero cambiará. Tal vez las criptomonedas y la plata virtual sean sacadas a patadas de las carteras de inversión de unos pocos iluminados y sea empujado a la vida diaria de todos a partir del surgimiento del nuevo mundo, el mundo del nuevo orden. Eso evitaría, por ejemplo, las colas en los bancos, farmacias y supermercados.

Los rituales de limpieza e higiene en las empresas y en los hogares están siendo atravesados por grandes e importantes cambios y esos también llegaron para quedarse.

Y sin duda lo que ha cambiado para siempre es el trabajo. El trabajo de todos. Muchos de nosotros resistimos el mundo virtual, porque el contacto uno a uno era parte de lo que queríamos sentir, queríamos sentirnos cerca de otras personas. El trabajo cambiará para siempre, al igual que muchas otras experiencias que creíamos que solo se podían hacer estando presentes físicamente. La realidad de hoy nos confronta con muchas de nuestras creencias limitantes, muchas de las cuales vivimos y experimentamos en muchas áreas de nuestras vidas, y que también se encuentran en el área de seguridad.

Llegó el año 2020 y de un día para otro, de repente y en un abrir y cerrar de ojos, sin pedir permiso ni darnos tiempo para organizar nada, nuestra casa se convirtió en nuestra oficina. ¡Pero no solo nuestra casa se transformó en la oficina de todos los que trabajan en cada hogar, sino que también se transformó en una escuela, un jardín de infantes, un gimnasio, un restaurante, una peluquería, todo! Nuestras casas se han transformado en todo los 7 días de la semana, las 24 horas del día. Muchos de nosotros nos trajeron una computadora a nuestra casa al día siguiente y nuestros hijos ya no fueron recibidos en sus escuelas. En ese mismo momento comenzó el verdadero cambio. Porque además ya no estaba permitido, ni era seguro, salir de nuestras casas.

Para trabajar bien debemos contar con un espacio que acomode todas nuestras necesidades y requerimientos de toda índole. Es por eso por lo que resulta de suma importancia contar con un diseño y equipamiento seguro, saludable y feliz del espacio de trabajo para el home office.

Veamos varios puntos importantes que podemos aportar desde el área de Seguridad para esta nueva etapa de un hogar home office:

Ergonomía

La ergonomía es la ciencia que adapta el lugar de trabajo a la actividad y a la persona que lo desarrolla y no al revés. Desde la revolución industrial, los seres humanos siempre han sido manipulados por su increíble capacidad de adaptación a todo. ¡Incluso a los virus! como también a tareas a temperaturas muy altas, a transportar materiales muy pesados, a trabajar en posiciones forzadas basadas en esa zanahoria impuesta, a veces maravillosa pero otras veces destructiva, que nos lleva a creer que el ser humano puede hacer cualquier cosa.

Sin embargo, surgieron pensadores revolucionarios y con ellos el concepto de Responsabilidad Social Empresaria (RSE) lo que nos hizo ver y comprender que no todo debería hacerse, incluso si es posible.

Si bien la primera vez que se acuñó ese término fue en 1857, en Polonia, fue en los años 70, bien entrado el siglo XX, que se comenzó a hablar de la ergonomía tal como la conocemos hoy en día.

Los objetivos de la ergonomía son:

- Reducir o eliminar los riesgos profesionales, accidentes y enfermedades.
- Disminuir la fatiga por carga física, psicofísica y mental
- Aumentar la eficiencia de las actividades productivas

Las bases y leyes de la ergometría ya están sentadas y probadas, y por ellas se entiende que para el diseño seguro, saludable y feliz del puesto de trabajo se deberán tener en cuenta los siguientes cuatro principios:

1. **Los riesgos locativos**: es decir los riesgos inherentes al lugar de trabajo propiamente dicho.
    - visar objetos sueltos
    - no subirse a mesas o sillas para alcanzar objetos
    - cerrar cajones para evitar golpes y tropiezos, entre otros accidentes.

2. **Los riesgos ergonómicos:** son los que surgen cuando descuidamos la posición de nuestro cuerpo durante la ejecución del trabajo.

   o Tener en cuenta la iluminación, que sea directa, lo más natural posible y que no produzca reflejos molestos sobre las superficies de trabajo.

   o Disponer los objetos de uso frecuente cerca y al alcance de la mano y los menos frecuentes en un radio más amplio

   o Mantener codos y rodillas siempre a 90 grados con respecto al eje del cuerpo

   o Mantener los pies firmemente apoyados en suelo. Para ello puedes ayudarte con cajas de zapatos, cajones de madera o almohadones.

   o Mantener la columna dorsal comodonamente apoyada en el respaldo de la silla (sí, tienes que elegir una silla con respaldo), si no llegas puedes usar almohadones también.

3. **Los riesgos eléctricos:** estos son más comunes de lo que creemos y tal vez los menos relevados.

   o Para evitarlos mantén los cables prolijos y fuera del paso para evitar tropezones y caídas

   o No coloques vasos con agua o infusiones en lugares donde podrías volcarlos involuntariamente sobre tu teclado o computadora

   o No sobrecargues enchufes

- o No uses prolongadores que no estén homologados
- o Tu instalación eléctrica, tanto en tu trabajo, como en tu hogar debe contar con protección diferencial y disyuntores

4. **Los riesgos psicosociales:** estos han cobrado hoy más relevancia que nunca antes debido a los periodos de aislamiento social obligatoria, pero de más está decir que el trabajo home office siempre es un desafío para mantener las relaciones interpersonales fluidas y saludables, más aún en estos tiempos.

Construcción de la felicidad

Además de todo lo mencionado anteriormente, es importante disponer de un entorno laboral que nos haga feliz, que nos de bienestar, confort y alegría. Y por eso debemos construir ese entorno. Sí, construirlo. Porque el entorno que conlleva a la felicidad, en todos los ámbitos de la vida, se construye.

Para construir la felicidad nos apalancaremos en la ciencia de la psicología positiva. Ella es la que asegura que el 50% del nivel de nuestra felicidad se debe a nuestra base hereditaria, un 10% se vincula a las circunstancias y el 40% restante se deben a las actividades intencionales que hagamos en nuestras vidas. Es por eso que podemos afirmar que la felicidad se construye, se elige para ser vivida. La ciencia nos demuestra que tenemos un espacio de un 40% para modelar nuestra vida con lo que nos gusta y nos hace bien.

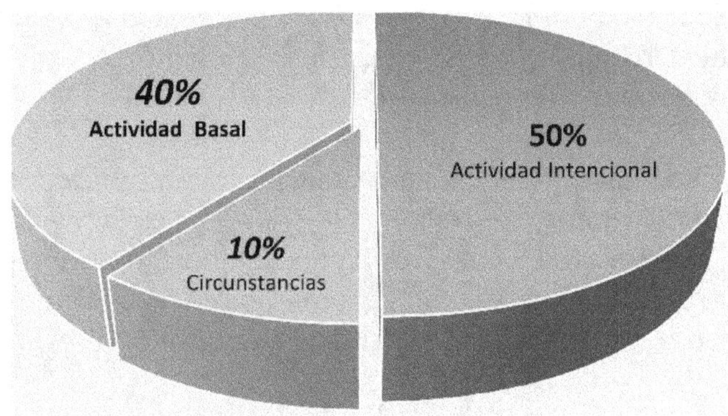

Rutinas Saludables

Otra parte importante de nuestra rutina de home office es poder hacer las **micro pausas activas**.

Las pausas microactivas activas o las pausas microactivas nos sirven para hacer algunos ejercicios de estiramiento muscular. Es necesario tomarlos cada cierto intervalo de tiempo para ayudar a prevenir enfermedades típicas de aquellos que pasan muchas horas con poco o ningún movimiento y pueden exponernos a dos riesgos peligrosos específicos: estilo de vida sedentario y postura corporal no ergonómica.

A diferencia de un accidente, que es un hecho súbito, repentino e inesperado, las enfermedades profesionales se manifiestan a lo largo del tiempo, ya que las mismas son la consecuencia de una exposición acumulativa y paulatina en el tiempo a malos hábito de trabajo.

Obviamente que para que se desarrolle una enfermedades profesionales, un individuo debe contar con una carga basal de predisposición. Hay gente que ante el mismo estimulo no desarrolla una enfermedad que otros sí desarrollan, o la desarrollan más tardíamente, o se le manifiesta con menor severidad.

Realizar entre 3 a 5 minutos de micro-pausas cada tres o cuatro horas de trabajo mejorará, no solo nuestro cuerpo, sino también nuestra atención, nuestro humor y nuestro estado de ánimo. Mantenernos en movimiento es sumamente importante para nuestro equilibrio psicofísico.

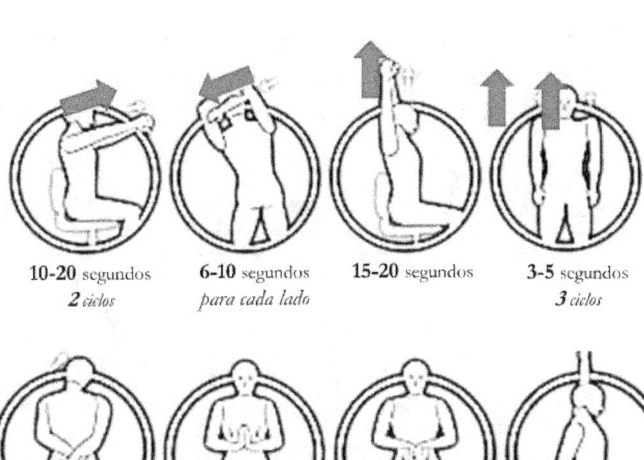

10-20 segundos
2 ciclos

6-10 segundos
para cada lado

15-20 segundos

3-5 segundos
3 ciclos

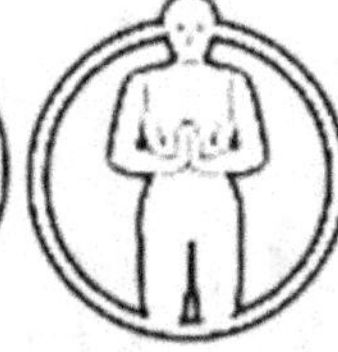

10-12 segundos
cada brazo

10 segundos

10 segundos

8-10 segundos
cada lado

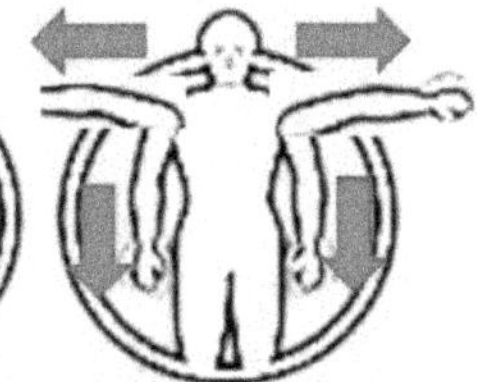

8-10 segundos
cada lado

10-15 segundos
2 ciclos

6-20 segundos
saducir las manos

10-20 segundos
estirar los brazos

Las empresas felices son aquellas que se ocupan de que sus empleados sean felices, porque las organizaciones son la suma de todos sus empleados.

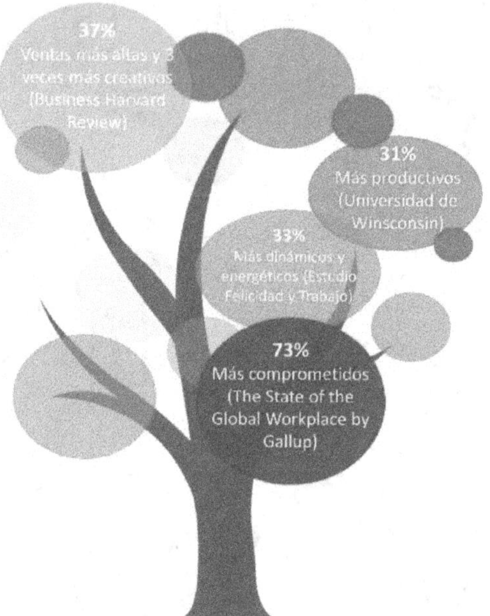

Los seres humanos somos una entidad única e indivisible, y desde la coherencia ontológica somos lo que decimos, y eso nos transforma en lo que hacemos. Para ser felices debemos pensar, sentir, decir y hacer de manera coherente, es decir, armoniosamente.

Es bueno que hace muchos años nos deshiciéramos de una creencia muy limitante que decía que los problemas personales podían dejarse en la puerta de entrada de la oficina, o en la puerta de entrada de la fábrica, o en el hall de entrada de la casa al lado del paraguas y el abrigo. Hoy sabemos que este no es el caso, que esto no es posible ni saludable.

Mi reflexión en este anexo es puramente para invitarlo a recorrer este camino de coherencia y permitir que surjan emociones en el área que necesita emerger, evitando así mucho estrés.

Estrés

La carga de trabajo que el empleado cree que no pueda manejar, se denomina **estrés laboral**, y hoy en día es la segunda causa de bajas laboral más importante y frecuente seguida de las causas **musculoesqueléticas**.

Lo llamativo es que ambas causas, las musculoesqueléticas y las emocionales, están afectando a todas las industrias y organizaciones sin distinción de a qué rubro pertenezcan.

Hoy, en plena pandemia del Coronavirus diseminándose por nuestras calles, las dos causas de bajas laborales más preponderantes están flor de piel.

Tenemos la sensación de que nuestros cuerpos y mentes se hayan presos de un enemigo invisible contra el cual no podemos luchar. Pero no es así. Sí podemos luchar contra él desde lo que sabemos, que es cuidar nuestro cuerpo con las herramientas que nos dan la seguridad, la higiene, la ergonomía y por sobre todo nuestras mentes, con las herramientas de la psicología positiva, la creatividad y la flexibilidad mental

Empleados felices y saludables construyen organizaciones felices y saludables. Se ha demostrado que las organizaciones saludables son negocios más eficientes y rentables. Por lo tanto, serán las organizaciones que entiendan este concepto importante e inviertan en él todos sus recursos (humanos, capital, conocimientos, pensamiento lateral, etc.) las que sobrevivirán a estos o a cualquier otro momento de crisis.

Epílogo

Escribir sobre el futuro es un verdadero desafío pues debemos provocar una conversación útil que nos lleve al hacer y no una conversación filosófica no productiva. Llevo años escuchando la importancia de la innovación y siempre me propuse que si escribiese sobre el futuro lo haría para ofrecer acciones concretas que motiven el desarrollo de valor agregado.

Solo una patente es necesaria para demostrar en hechos la importancia de trabajar un ejercicio de creatividad. Mi propósito es trabajar en ejercicios que estimulen la innovación sin producir un resultado concreto.

Y los resultados concretos en innovación se logran bajo un liderazgo estimulante y abocado al hacer. Estoy absolutamente convencida de que el efecto de trabajar en un mejor liderazgo produce una cadena virtuosa de acontecimientos. Liderazgo, Responsabilidad social, y futuro, una triada necesaria para establecer las bases para mi cuarto libro, La gestión del cambio.

A esta estructura la llamo el cuadrilátero Lanfranchi, y completa mi Visión Lanfranchi 2030 Cero Lesiones.

Es necesario entonces recomendar la evaluación de desempeño anual de objetivos relacionados con todos los temas sostenidos en mis libros.

Desde ya agradezco que me hayan acompañado en esta aventura por el futuro de la Seguridad y los invito a sumarse a la misión con compromiso y con su hacer concreto de cada día.

Los invito a contactarme por cualquier consulta o contribución, siempre son bienvenidas. Para ello pueden escribirme a debbie@resiliere.com o comunicarse a mi consultora.

Deborah C. Lanfranchi

Experimentada Líder de HSE y Manufactura; con una extensiva experiencia de trabajo en industrias Multinacionales. Experta en Sistemas de Gestión Corporativos, Risk Management y Normas ISO. Coach Profesional Certificada, Life Coaching. Graduada como Ingeniera Química en UTN y UBA; asociada al CPIQ.

Socia Fundadora de Resiliere, empresa especializada en la consultoría y entrenamiento en Seguridad, Salud y Medio Ambiente en el ámbito de la Responsabilidad Social Empresaria (RSE) con énfasis en procesos de Sustentabilidad y Sostenibilidad Responsable. www.Resiliere.com.ar

Educación

Ingeniera Química Universidad Tecnológica Nacional – Argentina.

Coaching Ontológico Profesional.

Especialista Seguridad e Higiene Industrial – Universidad de Buenos Aires – Argentina.

Ex Docente en el Posgrado de Especialización en Seguridad e Higiene, Facultad de Ciencias Exactas y Naturales - Universidad de Buenos Aires - Argentina.

NOTAS

NOTAS

NOTAS

NOTAS

NOTAS

NOTAS